KB074941

덕후가 브랜드에게

일러두기

- 맞춤법과 띄어쓰기는 한글 맞춤법과 표준어 규정을 따르는 것을 원칙으로 하였다. 다만, 저자의 '입말'을 살리고 가독성을 높이기 위해 팬들 사이에서 사용하는 줄임말, 비표준어도 필요에 따라 표기법 규정과 달리 실제 사용하는 표현에 가까운 국문으로 표기하였다.
- 이 책에서 표현하는 '덕후', '빠순이' 등의 표현은 팬들을 멸시와 혐오의 시선에서 벗어나 주체적이고 자발적인 집단으로 재명명한다.

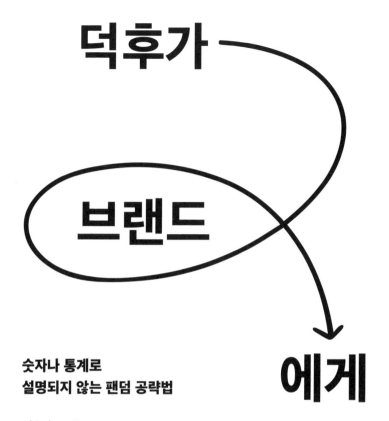

덕후가 브랜드 에게

**숫자나 통계로
설명되지 않는 팬덤 공략법**

편은지 PD 지음

two
Rabbits

"기꺼이 누군가의 팬이 된다는 것은
실로 엄청난 일이다."

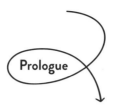

덕후가 브랜드에게 알려드립니다

꽤 긴 세월 '빠순이'라 불려 온 나는 취향이라는 게 형성됐던 일곱 살부터 쭉 누군가 혹은 무언가의 극성팬이었다. 물론 지금도 그렇다. 한 사람의 팬으로서 그 극성스러운 호기심을 이어가기 위해 예능 PD가 되었고, 〈팬심자랑대회-주접이 풍년〉이라는 프로그램을 직접 기획하고 연출했다. 이유는 단 하나. 내가 여전히 누군가의 팬이고, '팬' 자체를 좋아하기 때문이다. 그러나 내가 팬을 좋아하는 만큼 세상은 팬을 달가워하거나 좋아하지 않는 것 같다. 오히려, 대부분 팬을 싫어하거나 무시하는 쪽에 가깝다. 가깝게는 우리 아빠도 내가 일곱 살 때부터 가요 프로그램을 챙겨 보고, 가수의 사진을 모으는 걸 못마땅해하셨다. "벌써 저러면 커서는 뭐가 되겠냐"고 혀를 끌끌 찼다. 하나뿐인 친오빠 역시 나를 '빠순이'라고 부르며 한심해했다. 이렇게 최측근인 가족의 냉대는 물론, 사회에서도 팬은 존중받지 못하는 존재라는 걸 직간접적으로 부딪히고 깨달으며 자랐다.

5년 전 팬 프로그램을 기획하던 때도 역시 팬은 존중받지 못했다. 더 솔직하게는 방송국 내의 엘리트 중장년들로부터 손쉽게 비하의 대상이 되었다. 기획안 제목에 '팬(Fan)'만 들어가도 비주류의 이야기이며 대중성이 떨어지는 기획이라고 아예 읽어주지 않는 경우도 많았다. 심지어 "그냥 팬도 싫은데 나이 많은 팬들이 주접떠는 기획안은 폐기하라며, 이 모든 게 다 널 위해서 해주는 얘기"라는 논리적으로 이해되지 않는 폭언도 들었다.

그러나 이제는 상황이 꽤 달라졌다. 온갖 구박을 받으며 나 홀로 좋아하는 것만 같았던 팬들에게 세상이 관심을 갖기 시작한 것이다. 특히 '팬덤의 가치가 곧 기업의 가치'라는 것을 깨달은 감이 빠른 집단에서 팬에 대한 관심이 도드라지고 있다. 트렌드를 이끄는 대표적인 브랜드도 소비자가 팬이 되길 바라며, 유수의 기업 역시 직원을 단순한 직원을 넘어서 팬으로 만드는 것을 최우선의 가치로 삼는다. 긴 세월 동안 '빠순이'라 부르며 팬들을 냉대할 때는 언제고 이제 와서 어떻게 하면 그들과 친해질 수 있는지 캐묻는 상황이다. 나는 이런 세상이 올 것을 아주 오래전부터 예상했다고 감히 자부한다. 팬 프로그램의 기획안 폐기 압박 속에서도 그 기획안을 갈기갈기 찢지 않았던 건, 직접 팬으로 30년 이상 살아오며 그들의 진가를 알고 있었기 때문이다.

팬들은 파격적일 정도로 창의적으로 재밌게 '노는' 집단이다. 심지어 에너지마저 만렙이라 한번 발동이 걸리면 쉽게 지치지도 않는다. 그들과 친해지면 웬만한 마케팅과 비교해도 압도적으로 뛰어난 나비효과가 일어나는 이유다. 이러한 잠재력을 지닌 집단인 팬들에게 다가가기 위해서는 그들만의 섬세한 특성을 파악하고 접근해야 한다. 이전에 비해 콘텐츠와 플랫폼이 폭발적으로 늘어나면서 팬들의 취향도 한층 더 섬세하고 깐깐해졌기 때문이다. PART 1에서는 팬들의 특성을 정확히 파악하고 접근해 생산적 연합에 성공한 사례에 대해 중점적으로 다루었다. 브랜드를 기획하거나 팬 관련 사업을 진행하기 전에 이 장을 참고하면 실패 확률을 낮추는 것은 물론 성공적인 진입이 가능할 것이다. 한 번 돌아서면 뒤돌아보지 않는 것 또한 팬덤의 특성이기에 무모한 접근은

금물이기 때문이다.

직접 겪어보지 않으면 알 수 없는 팬들의 면면을 살펴보는 작업이 완료된 이후에 만나게 될 PART 2에서는 구체적으로 어떤 요소들이 팬심을 움직이는지 알아볼 것이다. 도대체 왜, 언젠가부터 대한민국 어머니들이 아들 밥상보다 임영웅 밥상에 집착하게 되었는지, 대체 팬심은 무엇이기에 온갖 역경과 수치심마저 유쾌하게 극복해 낼 수 있는 것인지에 대해서 말이다. PART 3에서는 수학적 통계나 과학적 접근으로 증명할 수 없는 팬덤의 작동 원리에 대해 낱낱이 설명할 것이다. 이 원리를 파악하면 성공적인 브랜드는 물론 각종 기획에 적극 활용해 볼 수 있을 것이다. 연예 기획사도 마케팅 회사도 팬덤에 대해 잘 모른다. 직접 팬으로 살아온 경험이 전무하기 때문이다. 더 솔직하게는 팬들의 입장보다는 팬덤 자체를 폄하하고 혀를 끌끌 차는 입장에 있었던 경우가 더 많을 것이다. 그러나 팬덤은 생각보다 훨씬 더 고부가 가치의 잠재력을 지닌 집단이다. 취향이 다변화된 사회에서 특히 이들의 성향을 먼저 파악하는 것이 굉장히 중요한 작업인 이유이다. 마지막 PART 4에서는 팬들의 팬을 자처하는 내가 〈주접이 풍년〉을 연출하며 직접 만나본 팬들의 이야기를 담았다. 개인적으로는 처음 연출했던 작품이라 시행착오도 많고 수시로 스태프들이 그만둔다고 할 정도로 업무 강도도 높았던 프로그램이다. 눈물 나게 행복했던 만큼 눈물 나게 힘들기도 했다. 그럼에도 온갖 피로와 질병을 이겨내고 기획부터 종영까지 함께해 준 후배 조연출이 해준 말이 있다. "진짜 힘든데, 녹화 날 현장 진행할 때 진짜 행복한 팬들 얼굴 보면 눈물 날 것 같은 이상한 기분이 들거든요? 그것 때문에 참은 것 같아요. 그래서 시즌 2 하면 또 하고 싶어요"라고.

나는 여전히 팬의 팬이다. '팬(Fan)'이라는 한 글자에 담긴 따뜻한 온기를 이해하고, 기꺼이 누군가의 팬이 된다는 것은 실로 엄청난 일이다. 이 책으로 팬을 바라보는 세상의 시선이 조금 더 따뜻해지기를 바란다.

2024년 어느 여름날,
팬의 '찐팬'으로부터

차례

PART 03.　강력한 팬덤, 어떻게 작동하는가

PART 04.　임영웅부터 몬스타엑스까지, 〈주접이 풍년〉에서 발견한 패노크라시

PART 01

팬 감수성을 읽는
브랜드가 성공한다

#01

팬이
'서포터'라는 착각

#정체성을 고백하는 일

팬덤은 정체성을 고백하는 일이다. 예를 들어 어쩌다 목이 말라 코카콜라를 사 먹는 건 팬이 아니다. 반면, 목 마를 때 무조건 코카콜라를 먹는 건 기본이고 코카콜라의 리미티드 에디션 패키지를 수집하고, 신제품이 나올 때마다 1순위로 시음하고 리뷰하는 건 코카콜라의 팬이라고 할 수 있다. 둘 다 음료로서 콜라를 선호하고 마시는 건 똑같다. 그러나 후자인 팬은 코카콜라의 모든 행보에 관심을 갖고 장기적으로 서포트한다. 코카콜라라는 브랜드 자체가 갖는 정체성에 '애착'을 가진다고 보아도 무방하다. 이러한 사람이 다수가 되었을 때 그 팬덤이 갖는 파급력은 어마어마하다. 때문에 코카콜라와 같은 더 이상의 개발이 왜 필요한가 싶을 정도의 슈퍼 대기업도 크리스마스 등의 시즌별 패키징과 각종 프로모션에 거액을 들이는 것이다.

팬심을 이해하지 못하면 수익도, 성공도 없다

연예 기획사만 팬덤이 필요한 것이 아니다. 일반 제품을 파는 기업은 물론, 이 세상에 존재하는 모든 브랜드가 장기적 성장세로 자리 잡기 위해서는 팬이 필요하다. 회사에서도 직원들을 팬으로 만드는 것에 HR 부서가 골몰하는 이유다. 기술의 발전으로 여러모로 어떤 분야든 그럴듯한 카피가 손쉬워진 세상이다. 그만큼 소비자들은 예리해졌고, 지갑을 여는 손은 더 냉철하고 까다로워졌다. 즉, 마음이 웬만큼 동하지 않으면 귀중한 시간과 돈을 들이려 하지 않는 것이다. 단순 소비자는 배가 고프면 그냥 음식을 사 먹지만, 의미 소비자는 분위기, 취향, 가격 심지어 그 식당이 가진 견해와 정체성이 맞아야 단골이 된다. 안타깝게도 팬심은 전자(단순 소비자)가 아닌 후자(의미 소비자)다. 모든 분야에서 장기적인 수익을 거두기 위해서는 의미 소비를 하는 팬심을 나노 단위로 뜯어서 소화해야 한다는 말과도 같다.

의미 소비를 지향하는 팬이라는 존재가 태초부터 능동적이고 프로페셔널한 영향력을 발휘했던 것은 아니다. 90년대까지는 기획사의 매니저가 연예인을 말 그대로 발탁해서 만들었다. 그 시절 미스코리아와 사자머리를 만들어주던 미용실 원장님의 관계처럼 가수와 매니저는 절대 떨어질 수 없는 관계였다. 지금의 아이돌처럼 팬들이 지켜보는 가운데 공개 오디션과 연습생 과정을 통해 데뷔하는 것이 아니었다. 그만큼 기획사의 권력이 절대적이었고, 그 권력은 팬클럽까지 좌지우지했다. 실제로 공식 사서함 외에는 팬들이 스타의 소식을 들을 수 있는 루트는 없었고, 그 기회마저도 아주 드물었다. 기획사에 집약된 권력만큼 강한 통제 안에서 팬들은 주는 대로 소비하는 수동적 존재로 남을 수밖에 없었다. 이러한 팬덤 암흑기와 같은 야만의 시대에 팬들이 자발성을 보이며 집결하는 순간은 딱 한순간이었다. 바로 기획사에서 키워낸 연예인의 생명 종결을 선언하는 해체 발표를 할 때였다. 해체 발표 또한 사전 설명 없이 일방적인 통보였다. 이와 관련해 가장 적확한 예를 보여줄 수 있는 사례가 있다. 20여 년 전인 2000년 5월 18일, H.O.T.의 라이벌로 국내 최대 팬덤을 이끌었던 젝스키스의 해체가 발표됐다. 이유는 설명되지 않았고, 며칠 뒤 잠실 주경기장에서 있을 드림콘서트가 마지막 무대일 것이라는 통보가 내려왔다. 갑작스럽다 못해 폭력적인 통보에 성난 팬덤이 논리적으로 의견을 표출할 곳은 없었다. 기획사는 팬들의 전화를 거절하기 바빴고, 팬들의 모든 물리적 접촉을 차단했다. 그러자 발언 기회를 상실한 성난 팬덤은 엄청난 일을 저지르고야 말았다. 젝스키스의 해체와 전혀 무관한 방송인 조영구의 차를 각목으로 부순 것이다. 이유는 더 허탈하고 허무맹랑했다. 당시 젝스키스의 소속사 대표의 차와 조영구 씨의 차량의 모델이 같았기 때문이었다. 팬덤의 지향점인 스타의 생명 종결을 선언한 것에 대한 분노 표출이었던 것이다. 그날 다 부서진 벤츠 앞에서 뽑은 지 얼마 안 된 신차라며 울먹이던 조영구 씨의 영상은 지금 봐도 충격적이다. 공식적으로 젝스키스의 팬클럽 회장이 조영구 씨에게 사과하는 장면이 연예 프로그램에 보도됐을 정도로 팬의 과실이 분명한 일이었지만, 팬들이 이렇게 과격한 행동을 한 이유는 분명하다. 의견을 피력할 기회를 상실했기 때문이다.

20여 년이 지난 지금은 멤버가 감기만 걸려도 바로 공식 팬 페이지에 공고가 올라온다. 사전 상황 설명은 물론 모든 스케줄에서 제외시킬 것이며 컨디션 관리에 힘쓰겠다는 선제적인 대응책도 같이 올라온다. 팬들의 성난 목소리가 들리기 훨씬 전에 말이다. 기자들만 불러 놓고 10분 안에 "팬 여러분이 박수 칠 때 떠나려고 합니다"라는, 누가 봐도 남이 써준 것 같은 글을 대독하던 그 시절 팬덤을 대하는 자세와는 확연히 달라졌다.

매니지먼트보다 더 매니지먼트를 잘하는 프로 마케터

예능 PD에게 가장 큰 도전이자 월권을 꼽자면 '촬영분의 편집을 요구하는 일'이다. 있어서는 안 되는 일이지만 기획사 쪽에서 편집을 요구하는 경우가 종종 있다. 그렇게 무리한 편집을 요구하는 주된 이유는 '해당 내용을 보고 화낼 팬들이 무서워서', 더 쉽게 말해 팬들이 난리 칠까 봐 무섭다는 것이다. 방송국 PD와는 척을 져도 팬과는 척지면 안 된다는 거다. 중소 매니지먼트에 한정된 이야기가 아니다. 대형 기획사의 매니저도 벌벌 떨면서 팬들의 심기를 최대한 건드리지 않으려 노력한다. 20여 전의 태도와는 사뭇 다르게 갑자기 팬들의 눈치를 보게 된 이유는 뭘까? 갑자기 팬들이 사나워지기라도 한 걸까? 개인적인 느낌으로는 필자를 포함한 90년대 팬덤이 더 전투적이었던 것 같은데 말이다.

이렇게 기획사가 팬들의 눈치를 볼 수밖에 없는 이유는 간단하다. 주는 대로 소비만 했던 과거 팬들과 달리 목소리를 내고 영향력을 끼침은 물론, 소속 아티스트를 넘어서 회사의 명암에도 직접적인 영향을 미치는 유일무이한 존재이기 때문이다.

지금의 팬덤은 단순히 서포트만 하는 팬이 아니라 기획자, 마케터, 홍보자의 역할을 한다. 그들이 마음이 동하지 않으면 기획사에서 구성한 대형 프로젝트를 뒤집어엎는 일도 가능하다. 실제로 가수의 컨디션이 안 좋음에도 콘서트를 강행하는 소속사를 비난하며 자체적으로 팬들이 콘서트 참여 보이콧을 선언해 콘서트가 무산된 사례도 있다. 팬들이 최애와 만날 수 있는 절호의 찬스인 콘서트를 나서서 거부하다니 신기하지 않은가. 또한 방탄소년의 팬덤 아미(ARMY)가 방탄소년단과 협업을 하려던 일본 아티스트의 도덕성 자질을 문제 삼아 프로젝트를 중단시킨 사례도 있다. 인성 면에서 검증 안 된 아티스트와 나의 스타와의 만남을 허락할 수 없는 것이다. 이런 국내 팬덤 문화를 두고 한국에서 아이돌로 성공하려면 일단 인성이 가장 좋아야 한다고 평가하기도 한다. 실력에 앞서 도덕성, 인성이 팬덤이 형성되는 최우선 가치 중에 하나이며 이에 하자가 발견될 경우 지체 없이 트럭 시위, 음반 구매 거부, 멤버 탈퇴 운동 등 적극적인 보이콧을 서슴지 않는다. 이 또한 한국 팬덤에만 있는 독보적인 특색이다.

　매니지먼트보다 아티스트에 대해서도 깊이 파악하고

있기에 내놓는 아이디어들이 더 수준급이며 이에 대해 아 티스트 역시 '회사보다 날 더 잘 아는 사람은 팬'으로 공식 적으로 감사를 표하는 경우가 많다. 그래서 연말 시상식 에서 수상 소감의 첫 멘트가 대부분 "무엇보다 우리 팬(공 식 팬덤명을 주로 사용) 고마워요"로 시작되는데, 모르는 이 는 지독하게 진부하고 가식적이라고 여길지도 모른다. 하 지만 케이팝에 조금만 관심을 가지면 바로 알 수 있다. 아 티스트가 팬들을 1순위로 호명하며 챙기는 이유를.

물론 팬심은 이런 감사 멘트 하나로 충족되거나 요동 치지 않는다. 과거의 팬 서비스란, 말 그대로 맵시 있게 차려입고 우아하게 손을 흔들며 찡긋 웃어주는 정도면 됐다. 실제로 스타가 손 한 번 흔들었다가 그걸 보고 실 신해 구급차에 실려 가는 경우도 많았다. 할리우드 스타 가 김포공항에 내한만 해도 과호흡으로 쓰러지는 팬도 부지기수였으니까 말이다. 지금의 팬덤은 눈인사, 손 인 사에 반응하지 않는다. 그건 카운팅조차 되지 않는 기본 중의 기본이기 때문이다. 과거엔 소속사에서 내놓는 얄 팍한 CD 한 장에도 소리를 지르며 환호했다면, 지금은 졸업 앨범 뺨치는 두께의 앨범이 나와도 꼼꼼히 퀄리티 를 분석한다. 아무리 내 최애의 앨범이어도 가치를 분석했을 때 부적합하면 반대 의견을 소속사에 피력한다. 심지어는 양에 차지 않는다는 듯 팬들이 직접 고퀄리티의 콘텐츠를 만들어서 업로드하기도 한다. 기획사에서 수억을 들여 만든 자체 콘텐츠보다 기발한 콘텐츠들이 많다. 아티스트도 본인들이 출연한 자체 콘텐츠보다 팬 제작 콘텐츠를 '신박하다'고 언급할 정도다. 유튜브상에서 스테디한 유행이 된 교차 편집이나 멤버 유닛별 분석 영상 또한 팬들이 먼저 시작한 것이다. 아티스트를 활용한 콘텐츠로 수익을 내는 기획사와 각종 기업에서 이러한 판세를 신경 쓰지 않을 수 없다. 팬들만이 갖고 있는 심도 깊은 애정을 기반으로 한 콘텐츠를 따라가기란 굉장히 어려운 일이다. 아무리 인공지능 AI가 발전했어도 대문호의 한 문장을 따라갈 수 없는 것과 같다. 매일 글을 쓴다고, 책을 백만 권 읽는다고 되는 일이 아니다. 최첨단 기계도 못 하고, 돈 주고도 못 사는 능력을 팬덤은 자체적으로 가지고 있다. 심지어 카피할 수도 없는 유일무이한 능력이다. 침 흘리며 탐낼 수밖에 없지 않은가?

브랜딩으로 성공하기 위해서는 탐내는 데에서 그쳐서는 안 된다. 어떤 것에 팬심이 움직이고 혹은 반발하는지 유심히 관찰해야 하는 것이다. 그 생리를 이해한 이후에 팬들이 만드는 콘텐츠에서 구체적인 힌트를 얻어 적용시키면 된다. 팬들로부터 직접 피드백을 받는 것도 좋은 방법이 될 수 있다. 다시 한번 강조하자면 대어(大漁)를 잡기 위해 바닷물의 흐름을 지켜본 뒤 바다에 나가 듯, 팬심의 움직임을 유심히 보고 온전히 이해하려는 노력이 선행되어야 한다.

카피 불가능한 업계 최강 프로 마케터 집단 = 팬덤

**장기적 수익으로 직결되는
이들의 노하우가 탐난다면,
이들만의 특별한 움직임을 일단 지켜보라.**

#02

SNS 시대, 진심 감별법

#누가 가짜 소리를 내었는가

한때 온라인상에서 '만능 반성문'이 격하게 조롱 받았던 적이 있다. '조리돌림'의 주요 이유는 반성문 글에 그 어떤 주어가 무작위로 들어가도 완성이 되는 만능 반성문이라는 것이었다. 쉽게 말해 영혼이 없다는 게 비난의 가장 큰 이유였다. 만능 반성문은 보통 '잘잘못을 떠나 죄송하다'라거나 '머리 숙여 사죄드린다' 등의 상투적 표현으로 주로 시작된다. 이러한 사과는 오히려 진심으로 반성하지 않았다는 거센 비난의 역풍을 맞게 만들었다. 차라리 안 하느니만 못한 사과였던 것이다. 그런데 이것이 가짜인 걸 눈치챈 사람은 누구일까? 예리한 기자일까? 아니면 글의 위조 여부를 파악하는 전문가일까? 전부 아니다. 눈치가 200단인 이 사람은 반성문을 올린 스타를 가장 '애정하는' 그의 팬들이다. 아티스트의 성향은 물론 필체까지 꿰고 있는 팬이기에 이것이 진짜인지 가짜인지 한쪽 눈으로만 봐도 판단이 가능했던 것이다.

팬덤을 화나게 한 한마디, "아, 진짜요?"

직업군마다의 디테일한 특성을 소름 돋게 재연해 화제를 모은 개그우먼 강유미의 유튜브 채널 〈좋아서 하는

팬과의 영상 팬 사인회를 재연한 개그맨 강유미

출처 : 유튜브, 〈강유미 yumi kang좋아서 하는 채널〉

채널〉. 실제로 모든 직업의 싱크로율이 엄청나서 그녀의 직업이 개그우먼이 아니라는 착각이 들 정도이다. 그중 마지못해 근무하는 메이크업 숍 직원의 영상은 1,000만 뷰를 선회한다. 이렇게 모든 직업을 실감 나게 묘사하는 강유미의 영상 중 논란이 된 영상이 있는데 바로 아이돌과 팬의 영상통화를 재연한 영상이다. 아이돌과 열성 팬의 역할을 모두 강유미 씨가 직접 소화했는데 "아 진짜요?"를 반복하며 무성의하게 팬을 대하는 아이돌의 모습이 엄청난 현실 고증임과 동시에 팬들에게 상처를 주었다는 이유로 논란이 되었다. 이에 강유미는 영상 속에서 '강민'이라는 이름으로 아이돌 역할을 했으나 그 이름이 특정 아이돌의 멤버를 상상시킨다고 팬들이 반발해 '강 믾, 강강술래' 등으로 이름을 바꾸었으나 여전히 논란이 가라앉지 않자 해당 멤버는 활동을 중단했다고 해명 글을 올리기도 했다.

웃자고 올린 이 영상에 팬들이 난리가 난 이유는 무엇일까. 여기서 등장하는 팬은 일단 본인을 설명하길 이 영상통화에 당첨되기 위해 집을 팔아 앨범을 260장 샀다고한다. 이 영상의 장면 하나하나가 엄청난 현실 고증이라고 하는 이유가 영상통화 팬 사인회는 실제로 앨범 구매자 중 추첨을 거쳐 참여 기회를 얻는 것이기 때문이다. 경험 후기를 들어보면 한두 장이 아닌 수십, 수백 장 중에 당첨자가 나온다는 사실은 이미 팬들 사이에선 공론화되어 있는 정보이다. 아이돌과 영상통화를 한다는 자체로 그 팬은 누구나 인정할 만한 해비 팬(heavy fan)이라고 볼 수 있는 것이다. 영상 속에서 단 몇 분간의 통화를 위해 메이크업 숍까지 다녀온 팬에게 아이돌은 로봇처럼 영혼 없는 리액션으로 일관한다. 팬의 모든 말에 음정없이 "아 진짜요?"를 앵무새처럼 반복하며, 무의미한 엄지 척을 계속 날린다.

영혼 없는 스타도 충격이지만 팬의 반응은 충격을 넘

어 더 놀랍다. 이런 스타의 모습에 실망하거나 화내기는 커녕 이 영상은 '갠소(개인소장)'하기로 결심한다. 이유는 이런 불성실한 모습을 업로드하면 내 최애가 대중에게 욕을 먹을 수 있기 때문이다. 허물마저 덮어주는 팬심이 아니라 작은 허물이라도 생길까 두려워 생기기도 전에 내 상처보다 먼저 덮는 팬심인 것이다. 하지만 이는 어디까지나 허구의 재연 영상이다. 물론 논란이 된 것처럼 이 영상 속 팬과 같은 이들도 있을 수 있다. 하지만 이들보다 스타의 복사한 듯한 리액션과 제스처가 가짜라는 걸 눈치채는 팬들과 대중이 더 압도적으로 많다.

SNS 시대의 사과는 빠르고 정확하게

그래서 스타 또한 긴장하며 살 수밖에 없다. 예전엔 잘못을 하면 호텔로 기자들을 불러 현수막을 내걸고 검은 정장을 입고 A4 용지에 출력된 사과문을 읽고 퇴장하면 끝이었다. 한 장짜리 사과문을 읽는 10분 남짓한 시간에 허구를 감지하는 이들은 없었다. 철저히 외부와 차단된 그곳엔 초청받은 주요 일간지 기자들과 기획사 직원, 연예인, 경호원이 전부였다. 철저히 팬들은 배제된 자리였다. 그러나 지금은 스타에게 논란이 벌어지면 팬들은 실시간으로 기획사의 대처와 아티스트의 SNS를 주시한다. 몇몇 아이돌 회사에서 개인 SNS 계정 개설을 허용하지 않는 이유 중 하나이기도 하다. 기획사의 통제를 벗어난 개인 계정이 생기면 자유롭게 소통할 수 있다는 장점도 물론 있다. 그러나 필터링되지 않은 게시물로 오해를 사거나 실수할 수 있는 경우의 수 또한 늘어나는 것이며, SNS의 특성상 이를 회수하거나 원상 복귀하는 건 애초에 불가능하기 때문이다. 팬덤이 클수록 실시간으로 수백만의 팬들이 스타의 움직임을 보고 있기 때문에 그 파급력은 더 어마어마하다. 논란이 발생했을 때는 더욱 그러하다. 팬들이 주로 보던 SNS지만 그 순간에는 전 국민의 시선이 집중된다. 심지어 논란이 생겼을 때 사과문을 SNS에 게재하는 타이밍마저 진정성 유무의 판단 기준이 된다. 재빠르게 인정 및 사과를 했느냐는 물론, 업로드한 글의 행간마저 그게 진짜인지 가짜인지 예리하게 판단 가능하다. 정제된 모습이 아닌 스타의 리얼 라이프를 가까이서 볼 수 있는 매체와 플랫폼이 늘어난 만큼 스타에 대해 속속들이 잘 알게 되었기 때문이다.

팬과의 소통을 위해 실시간으로 공유하는 모든 것들

이 위기의 순간에는 나를 재단하는 날카로운 칼날이 된다니 아이러니하지 않은가. 90년대에 활동했던 연예인들이 "우리 땐 활동하기 편했어. 그땐 뭘 해도 소문이 안 나. 요즘 같으면 무서워서 뭘 못 하지"라고 말하는 이유가 여기에 있다. PC 통신이 전부였던 시절엔 목격자도 소수이고 전달자는 더더욱 극소수였다. 그만큼 방송에 비치는 스타의 모습 외엔 알 길이 없었던 것이다. 스타의 신비주의가 극대화될 수밖에 없는 천혜의 미디어 환경이기도 했다. 심지어 젝스키스의 리더 은지원은 당시 집 앞에 찾아오는 사생팬들이 많을 수밖에 없었던 이유에 대해서 이렇게 말한다. "TV 외엔 연예인을 볼 수가 없기 때문에 집에라도 와서 보려고 하는 것 같다"라고 말이다. 사생은 명백한 범죄이지만 스타마저 그런 팬을 이해할 정도로 팬과의 연결점이 적었던 시대였던 것이다. 그때 그런 사생팬에게 은지원이 써서 집 앞에 찾아온 팬들에게 나눠줬던 편지는 지금도 종종 회자된다.

은지원이 당시 사생팬들에게 써서 나눠준 편지

안녕! 나 지원인데....
너희들에게 할 얘기가 있어서. 너가 잘 쓰지도 못하는 글 솜씨로
이렇게 밤 잠도 줄이며 맨든 편지다. 너희들이 나한테 섭섭한
정이 상당히 많은 거야! 그래서 말인데..., 난 항상 스케줄을
끝마치고 집에 돌아오면 집 앞에서 항상 날 반겨준 너희들은 모른했지
하지만 난 그냥 집으로 들어가 버려.....

너희들이 귀찮고 싫어서가 절대 아냐, 난 정말 마음같아선
너희들과 붕어서도 이야기도 하구 같이 놀구 싶지만 그렇게 못한다는거
너희들이 더 잘 알거야, 그러니깐 날좀 이해해 줘 바래.
난 정말 너희들이 집앞에서 기다려 있는걸 보면 행복하고, 아~ 날
이렇게 아껴주고 사랑해준 사람이 있구나 하는 생각에 너무나
행복하단다. 하지만 너희들은 내 거인적으로 못하나 주는걸, 정말
너희들이 날 좋아한다면 날 조금이나마 이해해 줬으면 바란다.
난 때로, 우이 없어 아직겠지만 너희들 생각에 잠을 못 이룰적이
잠두번이 아녀야, 너희들이 너무 걱정되서 .... 춥지나 않을까,
혹은 바바스 고프면 어쩌지? , 또 집은 어디서 잘까? 하는 이런
생각들로 하면 아무리 피곤해도 잠이 오질 않아. ....
그러니깐 나는 좀 이해해주고 용서해 줘! 너희들이 괜찮다고 생각하
말고 나는 너무 걱정이 되니깐 고생하지 말고 집에 들어가서
부모님과 함께 더 자세면 너희 부모님도 우리를 좋아 하지 않을까?
아참! 그리구 나의 착각을 행동! 나의 본성이 아니라는 것두
알아 주길 너희들어 난 언해언해 주면 "누가?"
그럼 "사랑한다"....

— 지원이가 —

물론 이 편지는 말 그대로 '진짜'로 판명되었다. 이를 손수 써 복사해 나눠준 스타의 행위가 너무나 진심이었기 때문이다. 심지어 20여 년 전 이 복사본을 받아든 팬들은 여전히 장수 팬으로 활약 중이다. 이 같은 팬들의 장기적인 지지는 세기말 톱 아이돌에서 30년 가까이 현재 주요 예능 프로그램에서까지 무탈히 은지원이 활약하는 것과 무관하지 않다고 확신한다. 그가 진짜 소리를 내었고, 팬들도 그 소리를 또렷하게 들었기 때문이다.

아.진.짜.요.

**단 네 글자에 담긴 행간마저 파악하고
온 마음으로 느끼는 팬심을 이해한다면
장기적인 성공에 비로소 가닿을 수 있을 것이다.**

#03

**진짜 날것만이
살아남는 세계**

최근 기획이나 마케팅 분야에서 팬덤을 공략하는 것이 최우선이라는 점은 상식으로 받아들여지고 있다. 그정도로 팬덤의 위력과 파급력에 대해선 누구나 인정하는 것이다. 그러나 대부분 시시각각으로 변하는 팬심과 그 배경에 대해서는 큰 관심을 두지 않는다. 그 결과 유명 연예인을 기용하거나 잠깐의 관심만 얻고 마는 휘발성 SNS 마케팅에 거액을 쓰고 그만큼 효과를 얻지 못하기 쉽다. 대체 팬덤이 무엇이기에 이렇게 한 손에 잡히지 않는 걸까. 그전에 팬덤의 실체에 대해 파헤쳐 볼 각오를 한 적이 있는지 가슴에 손을 얹고 생각해 보길 권한다.

팬들은 '가짜 판별사'다. 무대 위에서 특정 멤버가 설렁설렁 추는 춤은 굳이 내가 짚어내지 않아도, 팬들이 현장에서 촬영한 다각도의 수백 개의 직캠이 실시간으로 올라오기 때문에 원치 않아도 바로 적발(?)될 수밖에 없다. 물론 팬들이 전면 차단된 환경에서 진행되는 녹화 방송이라면 조작 및 편집이 가능하다. 그러나 팬들이 주요 핵심 구성원이 된 지금 그런 녹화 방송은 거의 없다. 뮤직비디오나 유튜브 자체 콘텐츠 정도일 것이다. 심지어 음악 프로그램 생방송 이전에 사전 녹화를 하더라도 팬들을 소집해서 진행한다. 새벽에 진행되더라도 방식은 같다. 아티스트도 그걸 원하고 팬도 마찬가지이며, 이때 둘의 역학 관계에서 나오는 생생한 현장감을 얻는 건 콘텐츠 생산자의 니즈와도 맞아떨어진다.

아이돌 그룹을 지상파 예능에서 볼 수 없는 이유

사실 각 채널의 음악 순위 프로그램 외에 아이돌이 출연할 만한 지상파 프로그램은 전무하다. 심지어 인지도가 아예 없는 신인 아이돌이 아니면 굳이 출연하고 싶어 하지도 않는다. 실제로 이미 팬덤이 확고한 아이돌은 해외투어 등으로 굉장히 바빠서 국내에 머무르는 날이 더 적을 정도다. 또한 수익적 측면에서도 몇만 명의 관객을 호령하는 돔 투어에서 나오는 수익과 지상파 출연으로 얻는 부가 이익은 애초에 비교 불가다. 그래도 지상파 프로그램에 니즈가 있는 일말의 이유를 쥐어짜내보자면 음악 순위 프로그램의 평가 기준에 '방송 점수'라는 것이 있기 때문이다. 방송 점수는 말 그대로 해당 채널의 방송 프로그램에 출연한 횟수를 집계한 점수이다. 이 점수 없이도 음반 판매와 팬 투표로 1위가 가능한 팀도 있지만, 그래도 순위를 챙기려고 한다면 몇몇 지상파 예능에 출연하는 것이다. 실제로 지상파 시청층은 중장년층 이상으로 노쇠했다. 따라서 아이돌은 시청률이 안 나온다는 말이 나오는 것이다. 과거엔 그렇지 않았다. 임백천, 강호동 등의 톱 MC가 진행하는 주말 예능에 당시 톱 아이돌이었던 H.O.T.도 나오고 젝스키스도 활동을 시작하면 무조건 출연했다. 나와서 드라이하게 신곡 발표만 하지 않았다. 멤버별 개인기는 물론 드라마타이즈(Dramatize, 영상의 드라마화) 기반의 상황극도 하고, 심지어 스튜디오가 아닌 야외 놀이동산에 가서 즉석 뮤직비디오도 찍었다. 번지 점프도, 몰래카메라도 했다. 지금 활동 중인 아이돌에게 컴백 기념으로 그런 걸 해보자고 제안한다면, 나는 내가 몸담은 방송국에서도 또 매니지먼트 회사에서도 정신 나간 PD로 손가락질 받을 것이다. 예능국에서도 시청률도 포기하고 아이돌 기획사의 생리도 이해 못 하는 생태계 파괴자 정도로 몰리게 될 것이라 확신한다. 이렇게 예전에 비해 아이돌의 방송 출연 횟수가 줄어들면 그만큼 팬들이 최애 아이돌을 만날 기회가 줄어드는 건데, 요즘 팬들 너무 딱해서 어쩌나 하는 마음이 든다면 현재 시류를 아예 읽지 못하는 사람인 것이다. 오히려 팬들은 지상파 콘텐츠 없이도 차마 소화하기 어려울 정도로 넘쳐나는 콘텐츠 홍수 속에 살고 있다. 팬들은 산더미 같은 콘텐츠를 소비하는 데서 그치지 않고 스스로 콘텐츠를 재생산한다. 그러면 콘텐츠의 총합은 더더욱 많아진다. 새벽부터 여의도 방송국에 와서 열심히 촬영하지 않아도 나의 콘텐츠가 이미 범람하고 심지어 반응까지 좋다면 굳이 불편하게 방송국에 와서 녹화하고 싶어 할 아이돌이 있을까? 본인이 가장 편안한 공간에서 5초 안에 휴대전화로도 할 수 있는 게 방송이 되어버렸는데 말이다.

앞서 팬들은 가짜 판별 전문가임을 밝혔다. 심지어 본인이 콘텐츠를 제작하기도 하는 팬들은 미디어를 즐기는 것을 넘어 평가하는 수준마저 높아졌다. 기존 예능의 어쭙잖은 데코와 편집이 오히려 거슬릴 수밖에 없는 경지에 올라선 것이다. 실제로 아이돌이 출연한 지상파 프로그램에 대한 반응을 보면 PD의 감각이 10년 전에 멈춰있다는 식의 뼈아픈 반응들이 많다. 그래서 팬들은 기획사나 방송국 등 기성세대의 편집 개입이 애초에 불가한 라이브 방송을 선호한다. 라이브 방송은 보통 인스타그램이나 유튜브를 통해 진행된다. 예전으로 치면 생방송 같은 건데 방송국에 굳이 안 와도 된다는 게 가장 큰 차이다. 심지어 최근 예능 시청률과 비교해 보면 지상파 방송보다 도달률은 더 높다. 아이돌 그룹이 수백억을 들여 복귀를 해도 지상파의 주요 프로그램보다는 기획사에서 만든 자체 콘텐츠나 구독자 수 높은 유튜브 방송에 공을 들이는 이유다.

제작비 0원! 라이브 방송으로 세계를 지배하다

방탄소년단은 이런 사실을 앞서 간파해 무명이던 신인 시절부터 전 세계의 팬덤을 모았다. 인지도가 높지 않아 주요 방송에 나올 수 없었을 때도 본인들만의 소소한 일상을 찍어서 올리고 실시간으로 팬들과 소통했다. 기획사 역시 당시엔 영세한 수준이었기에 편집 장비가 있을리 만무했다. 오히려 헐거운 콘텐츠였지만 꾸밈없는 멤버들의 진정성 있는 모습은 전 세계 팬들의 마음에 깊이 들어왔다. 지상파 방송에 섭외될 수 없었던 그룹의 낮은 인지도와 가난한 기획사의 환경이 오히려 그들에겐 세계적인 그룹으로 거듭날 기회였던 것이다. 실제로 그들은 퍽퍽한 현실을 받아들이며 주저앉기보다 다른 출구를 찾았다. 방송국의 도움 없이도 제작과 업로드가 가능한 유튜브를 그들의 주요 그라운드로 택한 것이다. 그리고 본인들의 연습 과정이나 소소한 게임을 하는 것도 찍어서 본인들만의 예능인 'BANGTAN TV'를 만들었다. 기존의 예능 문법과는 크게 다른 형식이었다. A급 예능인도 없었고, 세트조차 없었다. 당시에는 모두 이를 비웃었을지 모르겠지만, 방탄소년단이 이 콘텐츠를 시작한 지 약 4년 만에 자체 성장은 물론 케이팝의 판도를 뒤집은 역사적 콘텐츠가 되었다. 지금은 전 세계의 팬들이 이 채널의 구독자이며 시청자다. 심지어 모든 매니지먼트 회사는 방탄이 시도했던 대로 그 길을 똑같이 걷고 있다. 수년간의 이러한 자체 콘텐츠 데이터가 너무 많이 쌓여 방탄소년단에 입덕하면 '자컨(자체 콘텐츠의 줄임말)'을 소화하는 데만 수개월이 걸린다고 한다. 아이돌 팬들은 이를 떡밥이 많아 행복하다고 표현한다.

라이브 방송을 보면 알겠지만, 그 흔한 자막 하나 없고 조명 하나 없는 곳에서 진행되는 경우가 대부분이다. 보통 숙소나 연습실 심지어 해외 투어 중에 묵는 호텔 방에서도 라이브를 켠다. 준비물은 휴대전화 하나만 있으면 된다. 공연이 끝나고 와서 메이크업도 지우지 않은 채 야식을 먹는 먹방도 하고, 그림이 취미인 아이돌 멤버는 방에서 아무 말도 하지 않고 2시간 동안 그림만 그린다. 심지어 얼굴 상태가 안 좋다며 그림 그리는 손만 2시간 이상 보여주는 라이브도 많다. 목소리도 없이 사각사각 연필 소리만 가득하다. 보통 라디오 방송에서는 5초 이상 묵음이 나가면 방송 사고로 간주한다. 라이브 방송은 방송국 기준으로 보자면 마음 졸이며 시말서를 써야 할 방송 사고에 준하는 위험한(?) 콘텐츠다. 그만큼 아무것도 가미되지 않고 현장감만 있는 이 날것 같은 콘텐츠에 팬들은 열광한다. 꾸며낼 수 없는 진짜 콘텐츠이기 때문이다. 일주일 내내 자막에 음악에 조명에 카메라, 색 보정까지 집착하며 일을 하는 현직 예능 PD로서는 허탈감이 들기도 한다. 촬영본을 편집 없이 그대로 방송에 내는 것과 같은 일인데 파급력은 더 막대하니 말이다.

그런데 나 역시 아이돌에 입덕해 본 결과 내가 봐도 라이브 방송이 제일 몰입감이 높다. 닿을 수 없을 것 같았던 스타와 한 걸음 가까워진 기분마저 든다. 팬이라는 이유로 꾸밈없는 일상을 공유받았기 때문이다. 심지어 라이브 방송으로 팬들과 소통을 즐겨 하는 방탄소년단의 정국은 심야에 집에서 라이브 방송을 하다가 실수로 안 끄고 잠이 든 적도 있다. 그가 새근새근 잠을 자는 그 시간 자체가 전 세계에 생중계된 것이다. 이 귀한 장면을 실시간으로 670만 명의 팬들이 지켜봤다. 전 세계의 팬들이 그의 꾸밈없고 해맑은 모습에 열광했음은 당연하다. 디즈니가 온들, 픽사가 온들 이것 이상의 진짜 콘텐츠가 있을까? 내공 있는 기획자들도 앞서서 생각해 내지 못했던 것을 팬심을 이해한 아이돌 그룹이 먼저 시도했고 전 세계적으로 성공했다. 그저 우연이라고 생각되진 않는다. 실제로 팬덤을 수년간 가까이서 지켜보았고 그들의 열광 포인트를 정확히 이해했기에 할 수 있었던 필연적 성공이다. 그래서 그들이 눈코 뜰 새 없이 바쁠 월드투어 스케줄에도 단 10분이라도 전 세계 팬들이 접속하는 라이브 방송을 시도하는 것이다. 구성과 제작 체계 면에서 객관적으로 천의무봉의 경지에 가 닿지 못하더라도 그 행동 자체로 진정성을 느끼기 때문이다. 따라서 흥행을 원하는 기획자나 마케터라면 시각적 완성도 자체에 몰입하기보다 그 콘텐츠에 접속하는 이들이 어떤 점에 울고 웃는지 그 속내를 한 번 더 들여다보고 고민해야 할 것이다.

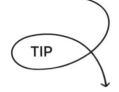

TIP

팬 타깃으로 기획하기 전 체크리스트

☐ 가슴에 손을 얹고 그 어떤 거짓말도 하지 않았는가?

팬들은 가짜 감별사이자 진심 판별 전문가다. 선의를 위한 과장이든 아니든 중요하지 않다. 설령 날것일지라도 있는 그대로의 꾸밈없는 그 자체에 열광하고 지지하는 특성이 있음을 놓쳐서는 안 된다.

☐ 팬을 무비판적 구매자라고 생각하지 않았는가?

'팬'이라는 단어 자체에 광적이고 마니아적이라는 뜻이 담겨 있지만, 최근 팬들의 행보는 그렇지 않음을 명심해야 한다. 아티스트 혹은 내가 추종하는 브랜드의 가치 성장을 진심으로 원하는 팬이기에 더욱 엄격하고 쓴소리에 특화된 집단이기 때문이다.

☐ 수익 지향적 사고에서 벗어났는가?

모든 사업의 주목적은 저비용 고수익이다. 팬과 관련한 사업 또한 마찬가지일 것이다. 그러나 소비자를 팬으로 만드는 '팬덤' 기반의 기획에서 성공하기 위해서는 이 목표를 잠시 망각하는 것이 좋다. 팬덤의 본질적인 특성 자체가 수치적으로 정확한 효율 기반의 사고를 하지 않기 때문이다. 오히려 특정 기획에 감정적으로 수긍이 될 경우에는 본인들의 비용마저 기꺼이 들이는 집단임을 잊지 말자.

☐ 소비,
그 이상의 의미를 담았는가?

1차적인 욕구 충족을 위한 단순 소비를 하는 사람은 단순 소비자일 뿐,
팬은 아니다. 팬은 나의 소비 행위가 어떤 의미를 담고 있는지를 먼저
면밀히 판단한 뒤 의미 소비를 하는 집단이기 때문이다. 이에 소비자가
아닌 팬을 위해 기획할 때는 그것이 어떤 의미를 내포하고 있는지 먼저
점검하는 것이 바람직하다.

☐ 팬을 알바생이 아닌
사장으로 대했는가?

팬들은 자체적인 창작 욕구는 물론 빼어난 창작 능력도 지닌 크리에이
터 집단이다. 이런 팬들에게 아무런 주도권이 없는 매장의 알바생 역할
은 전혀 매력적이지 않다. 오히려 팬 그 자체의 능력을 인정해 주고 주
인 의식을 심어 주고 독려해 주는 것이 장기적으로 서로 성장하는 길이
될 것이다.

☐ 팬덤의 최종 목표를
이해했는가?

팬덤의 최종 목표는 아티스트 혹은 추종하는 브랜드의 가치 성장이다.
단순히 애착하는 마음으로 소모해버리려는 가벼운 마음이 아닌 것이
다. 시간과 비용, 그리고 팬덤의 참신한 기획력을 투자해서라도 최애의
가치가 성장한다면 물불 가리지 않는 집단임을 명심하자.

#04

行동하는
팬심을 설계하라

애플이 영업왕을 자처하는 이유

기획자들이 가장 먼저 시작하기도 하고 중요하다고 생각하는 것이 '기획 의도'의 수립이다. 콘텐츠를 제작하게 된 이유이자 목표이기 때문이다. 기업의 기획 의도는 저비용으로 고수익을 내는 것이다. 세계 1등 기업인 애플 역시 마찬가지다. 그렇다면 수요가 많은 제품을 낮은 단가로 만들어 시장에 비싸게 파는 것이 정답일 것이다. 이런 맥락에서 애플의 소비층은 '애플카'의 탄생을 염원했다. 그리고 출시만 되면 날개 돋친 듯 판매될 거라고 확신했다. 그래서 2021년 1월 팀 쿡(Tim Cook)의 발표를 손 모아 기다릴 수밖에 없었다.

　2021년 1월 14일, 애플 CEO 팀 쿡이 중대 발표를 하겠다고 선언한 날이다. 전 세계의 투자자들의 이목이 쏠리며 각종 관련 주가가 요동쳤다. 아이폰부터 애플 워치까지 연이은 히트작을 쏟아내온 슈퍼 기업의 다음 행보에 모두가 귀를 기울이던 그날, 애플은 뜻밖의 발표를 내놓았다. 모두가 기대했던 애플카 출시에 대한 발표는 전혀 없었다. 대신 인종차별 해소에 1천100억 원을 투자한다는 내용을 대대적으로 선언했다. 아이폰에 업그레이드된 고성능 카메라를 다는 것도 아닌 인종차별 해소에 투자를 하겠다니. 팀 쿡이 인류애적인 이미지를 챙겨 대선

출마라도 하려는 것일까? 아니면 하루아침에 사기업이 추구하는 방향이 경제적 수익에서 무형의 가치로 360도 바뀐 것일까? 둘 다 아니었다. 애플이 다른 기업들보다 훨씬 앞서서 선진화된 스마트폰을 내놓았듯, 이 또한 한 단계 앞서 미래를 내다본 애플만의 고단수 전략이었던 것이다.

현재 애플의 사용자가 앞으로도 애플 제품을 재구매 하겠다는 응답은 90%를 훌쩍 넘는다. 신제품 출시도 전에 미래를 약속한 충성 고객의 비율이 압도적 대다수인 것이다. 혹자들은 이처럼 애플 제품을 추종하는 무리를 '앱등이(애플+꼽등이의 합성어)'라고 비꼬기도 한다. 그러나 애플에 충성을 맹세한 이 90%의 사람들이 전부 전자 기기나 소프트웨어에 정통한 사람들은 아니다. 객관적 인 품질 때문에 애플에 애착하며 소비하는 것이 아니라는 얘기다. 나 역시 아이폰, 아이패드, 에어팟까지 여러 가지 애플의 제품을 쓰고 있지만 미세한 음질의 차이도 잘 구분하지 못하는 지극히 평범한 사람이다. 이런 평범한 수준의 사람들이, 심지어 타사에 비해 저렴하지도 않은 애플의 제품을 앞으로도 꾸준히 구입할 거라고 확신하는 이유는 무엇일까.

한 입 베어 문 사과를 로고로 내건 애플은 첫 등장부터 감각적이었다. 기존 전자제품의 광고들이 단순한 기능 설명 위주였던 것에 비해 애플은 기능 설명을 생략하고 오히려 군더더기 없는 감각적 컷들로 일관했다. 기존의 관점에서 보면 조금은 설명 면에선 불친절한 제품 광고이기도 했다. 그러나 그 광고의 분위기에 맞춰 등장한 심플하고 '시크한' 아이폰의 디자인에 젊은 소비자는 열광했다. 애플의 제품을 소유하는 것 자체로 감각적이고 모던한 라이프를 향유하는 것만 같은 '느낌'을 받을 수 있었기 때문이다. 여기에서 이 '느낌'은 호감과도 같은 감성적 영역이다. 단순히 어떤 물건이 실질적으로 필요해서 구매 및 소비해 욕구를 충족했을 때와는 애초에 다른 부위에서 시작되는 작동이다. 이처럼 마음이 움직인 이례적 기억은 꽤 오래가며 사람을 행동하게 만든다. 보통 이성과 만남을 갖거나 갑자기 입덕하게 되는 '덕통사고 (교통사고를 당하듯 우연한 기회에 강렬하게 특정 분야나 인물에 대한 마니아가 되는 것을 의미)'를 겪을 때와 유사한 감정이다. 특정 브랜드의 제품을 구입해서 소유했을 뿐인데 감정의 변화가 오는 것 자체가 드물고 귀한 일이기 때문이다. 애플은 그걸 성공적으로 해냈고, 이 감정을 체험한 애플 구매자들은 애플이 나에게 주는 행복을 평생 신뢰하기로 결심했다. 이 행복은 현재에만 존재하는 것이 아니라 앞으로도 영원할 거라고 확신하고 팬이 되기로 한 것이다. 이것이 애플에 대한 사용자들의 '행동하는 팬심'이다. 슈퍼 기업인 애플은 이 팬심을 이어가고 확장하는 데 집중해야 한다는 사실을 굉장히 일찍 깨달았다. 따라서 당장 애플카를 출시하는 것보다 애플 구매자의 애틋한 정서인 팬심을 최우선으로 이어가야 한다는 판단을 내린 것이다. 따라서 전 세계의 인류가 공감할 만한 '인종차별 철폐'에 거액을 투자할 것을 천명한 것이다. 애플 사용자이자 팬덤은 이제 애플 제품을 사용하는 행복에 인류애에 이바지하는 희열감까지 추가로 느낄 수 있게 된 것이다. 팬이 내 최애(이 경우에는 애플)에 대해 자부심을 느끼는 순간 못할 일은 없다. 얼굴에 최애의 이름 혹은 브랜드명을 새기기라도 하고 싶은 마음이다. 이런 구매자들은 SNS나 유튜브에 리뷰를 자발적으로 올리면서 무보수의 자발적인 열정 홍보맨을 자처하기도 한다. 애플은 단순한 제품 기능 개발로 누릴 수 없는 행동하는 팬심의 위력을 먼저 간파했다.

소비자의 정서를 건드려야 성공한다

소비자의 정서를 건드리는 일의 중요성을 뒤늦게나마 깨달은 국내 기업도 있다. 배달하면 1번으로 떠오르는 '배달의 민족'이 대표적이다. 배달의 민족이라는 브랜드에 팬클럽이 있다면 믿겠는가? '배짱이(배민을 짱 좋아하는 이들의 줄임말)'가 그들이다. 이름만 있는 것이 아니라 보통 아이돌의 팬클럽처럼 기수별 모집도 있고 팬클럽에 정식 가입하기 위한 모집 시험도 따로 있다. 실제로 3기 배짱이 모집에는 무려 20만 명이 응시해 이 중 400명이 최종 합격했다고 한다. 배달 플랫폼은 그야말로 배고픔이라는 정확하고 단순한 니즈 때문에 이용하고, 허기가 채워지면 바로 종결되는 일인데 팬클럽까지 결성할 일인가 싶다.

그러나 최근의 MZ 세대들에게 배달은 그 의미를 달리한다. 1인 가구의 증가로 인해 일단 배달은 우리 일상의 큰, 한 부분이 되었다. 기쁜 날도 슬픈 날도 돈 없는 날도 월급날도 배달은 늘 우리와 함께한다. 이를 배달의 민족은 허투루 보지 않았다. 중장년보다는 주로 젊은 층들이 배달의 주 이용자다 보니 그들이 환호할 만한 문법을 따랐다.

바로 B급 감성이다. 친숙한 디자인의 민트색 옷을 입은 배민 배달원이 "우리가 어떤 민족이었습니까"를 외치며 오토바이로 사방을 누빈다. 친숙한 메인 캐릭터 외에 배민 브랜드 특유의 감성을 잘 드러낸 대표적 행사는 '배민 신춘 문예'다. 버스 정류장 등에서 한 번쯤 봤을 '치킨은 살 안 쪄요~ 살은 내가 쪄요', '다 져도 괜찮아—마늘' '박수 칠 때 떠나라—회' 등 풉하고 웃음을 터뜨릴 수 있는 B급 코드 마케팅으로 일관했다. 심지어 지면이나 영상 광고에 임팩트 있는 동일한 디자인의 굵직한 폰트를 사용했는데, 이 또한 '배민체'로 큰 사랑을 받았다. 음식 배달은커녕 김밥 한 줄 만들지 않는 배달 대행 플랫폼에 이토록 열광하는 게 팬심이 아니라면 도저히 설명이 불가능하다. 그 팬심을 가볍게 보지 않고 기업 성장의 동력으로 삼아 각종 이벤트를 열며 키워나간 건 배민의 현명한 선택이기도 했다. 그 결과 배달 플랫폼계의 압도적 1위 자리를 오늘날까지 유지하고 있다.

'소비자를 친구로', 대륙의 실수에서 실력이 된 샤오미

팬덤을 기반으로 성장하되 생산자와 소비자의 관계가

아닌 오래가는 친구가 될 순 없을까. 아이돌이 팬들에게 버블 등의 메신저로 실시간으로 안부를 묻는 것처럼 말이다. '대륙의 실수'에서 '대륙의 실력'으로 재평가된 샤오미가 그 어려운 걸 해냈다. 샤오미의 회장 레이쥔은 이들을 '친구'로 여기며 관리했다. 심지어 샤오미의 공식 슬로건이자 사훈도 'Only for fans! = 오직 팬을 위해!'다. 배민의 배짱이가 있듯 샤오미엔 '샤오미의 팬'이라는 뜻의 '미펀米粉, Xiaomi Fan'이 있다. 커뮤니티에 샤오미와 관련된 글을 남기고 SNS에 자발적인 홍보를 이어가는 미펀. 샤오미가 일종의 연예인과 같은 팬덤 문화를 만들어낸 것이다. 이들의 숫자는 가장 충성도가 높다는 애플과 비교해도 뒤지지 않는 숫자다. 배민이 '배민 신춘 문예'를 열듯 샤오미도 창립 기념일에 샤오미 팬들의 축제인 '미펀제米粉節'를 연다. 아이돌이 팬 미팅이나 팬 콘서트를 여는 것과 같은 개념이다. 샤오미의 회장은 "샤오미는 전자제품을 파는 것이 아닌 참여의식을 파는 회사"라고 말한다. 또한 팬덤의 존재를 인정하는 것을 넘어 칭송하며 말하길 팬덤 미펀이 이끌어가는 '팬덤(미펀) 경제'라고 말한다. 회장으로부터 존재 가치를 인정받는 팬덤을 넘어서 성덕(성공한 덕후)이 된 미펀. 이 순간 활동 동력이 무제한으로 늘어나는 것은 당연한 일이다.

　대륙의 실수를 대륙의 실력으로 바꾼 배후에는 샤오미의 빅팬, 미펀이 있었다. 제품 개발에 영감을 주고 실시간으로 피드백과 서포트를 해주는 존재들이다. 고스펙의 수백 명의 연구원들을 모아놔도 열정에 기반한 이들의 피드백을 따라가진 못할 것이다. 이성의 영역은 카피할 수 있지만 감성의 영역은 침범 불가능한 팬덤의 영역이기 때문이다. 당신이 팬덤을 공략해 성공하고 싶은 기획자라면, 팬덤 결성에만 그쳐서는 안 된다. 그 커뮤니티의 일원이 되어 무엇에 열광하고 또 무엇에 실망하는지 데이터화하여 제품에 반영해야 한다. 제품 이미지 개선으로 칭송받는 샤오미의 최근 제품들이 그랬듯 말이다.

당장 눈물을 닦을 휴지 한 장을 급히 건네기보다,
가만히 다 울기를 차분히 기다려주는 게
때로는 더 세게 마음을 흔든다.

이처럼 세심하게 소비자의 정서를 건드리면
행동하는 팬덤이자 막강한 장기 소비자가 된다.

#05

요즘 회사가 팬을
고용하려는 이유

#SM ⇔ NCT ⇔ 팬이 벌인 삼각 추격전

'열정, 노력, 최선.' 이 세 단어의 공통점은 뭘까? 이 단어들의 공통점은 자기소개서 '광탈' 단어라는 점이다. 쉽게 말해 취업준비생이 피해야 할 단어들이라는 것. 기본적으로 긍정적인 뜻을 내포한 죄 없는 이 단어들은 왜 자기소개서에 적어서는 안 되는 주요 기피 단어가 되었을까?

인사 담당자가 이 단어들을 부정적으로 여기게 된 이유는 수많은 지원자가 습관처럼 자주 쓰는 상투적인 표현이기 때문이다. 지원자가 많이 쓴다는 것은 그만큼 위와 같은 가치가 중요하다는 점을 잘 인식하고 있다는 뜻이기도 하다. 다만 표현이 진부하고 상투적이므로 되도록 반복적으로 사용하는 것은 피하라는 것이다.

회사를 운영하는 입장에서도 '열정 있고 최선의 노력을 다하는' 직원을 마다할 리가 없다. 오히려 그런 직원을 고르고 골라 고용하기 위해 자기소개서부터 인·적성 테스트, 대면 & 합숙 면접까지 진행하는 것이다. 쉽게 말해 성의 없이 자기소개서에 '열정'이라는 단어를 적진 않지만, 내면의 열정이 들끓는 진정성 있는 직원을 고용하고 싶은 것이다. 이 모든 가치를 이뤄낼 방법이 딱 하나 있다. 바로 직원을 팬으로 만들거나 이미 팬인 직원을 고용하는 것이다.

뜻밖의 퇴사 방지 코드 = 팬심

요즘은 퇴사와 이직이 그 어느 때보다 빈번한 시기다. 평균 근속 연수 또한 나날이 짧아지고 있다. 정보도 기회도 많은 지금, 요즘 세대는 첫 입사한 회사에서 정년까지 보낼 필요성을 전혀 느끼지 못하는 것이다. 오히려 입사 초창기에 아니라고 생각하면 뒤도 돌아보지 않고 바로 퇴사를 결심한다. 이전 세대와 크게 다른 점이다. 굳이 우리의 아버지 세대가 그랬듯 그 어떤 시련도 참고 이겨내며 월급날만을 기다리며 꾹꾹 참지 않는 것이다. 이런 현상이 반복되면 직원의 고용부터 트레이닝까지 비용을 쏟아부은 회사의 입장에선 투자가 물거품이 되는 셈이다. 이는 모든 기업에게 위협 요소가 되고 있다. 이를 타개할 방안으로 연봉 협상이나 복지 확대를 시도해 보지만 이 역시 미봉책일 뿐이다. 회사 입장에서도 한정된 재정 자원 안에서 무조건 지원을 확대하는 것 또한 부담 요소가 될 수밖에 없기에 근본적인 해결책이 될 수도 없다.

어차피 모든 직장인에게 업무는 고되고 월급날은 더디 오며, 월요일은 빨리 온다. 불행한 점은 회사는 하루에 최소 8시간 이상, 한 사람의 인생에서 가장 긴 시간을 보내는 곳이라는 점이다. 그럼에도 분명 지원자들이 몰리고 만족도가 높은 회사는 존재한다. 연봉, 복지 같은 기본 조건 외에 회사를 사랑하게 하는 조건은 무엇일까. 구글, 카카오, 네이버. 직원 만족도 상위에 기복 없이 랭크되는 기업들이다. 이들의 공통점은 기업 문화에 공을 들인다는 점이다. 기업 문화라고 하면 굉장히 거창해 보이지만 실질적으로 이 회사에 다니는 걸 알리고 싶을 정도로 자랑스러운 느낌을 주는 것을 말한다. 이들은 실제로 애사심 넘치는 게시물을 인스타그램에 올리기도 한다. 이를 위해 회사들은 각종 이벤트를 만들어 낸다. 백일 잔치를 패러디한 '입사 백일 잔치'나 '입사 기념 굿즈'는 기본이다. 아이돌이 팬들을 포섭하기 위한 행사들과 비슷한 일련의 이벤트를 통해 팬심과 소속감을 느끼게 된다.

회사에 팬심을 갖게 된 직원들은 쉽게 이탈하지 않는다. 회사 입장에서는 발굴하고 인큐베이팅한 비용을 절감할 수 있는 것이다. 또한 애정을 갖게 된 직원들은 자발성을 지닌다. 수동적인 직원들을 개조시키고 교육하는 것 또한 많은 시간과 재정적인 비용이 드는 비효율적인 일이다. 기업에서 비효율은 곧 쇠락을 의미한다. 팬심은 이 모든 걸 상쇄시킨다. 먼저 무언가를 심지어 잘하려고 한다. 누군가 시키지 않아도 말이다.

SM 엔터테인먼트, NCT 태용, 팬이 삼각 추격전을 벌인 이유

최근에 트위터에서 화제가 된 팬이 있다. '예수 지옥 불신 지옥'을 연상케 하는 피켓을 걸고, 블루투스 스피커로 음악을 틀며 지하철역에서 춤을 추는 게 목격됐기 때문이다. 아이돌 그룹 NCT의 멤버 태용의 팬이었는데, 태용의 신곡을 홍보하고 싶은 마음에 지하철역을 누볐다고 한다. 모두의 시선을 사로잡은 이 행동으로 트위터에는 각종 목격담이 올라왔다. 지금 이 팬이 어느 역에 있다는 제보는 물론, 블루투스 스피커를 충전하느라 쉬고 있다는 생생한 제보도 올라왔다. 이러한 게시물들이 강력한 바이럴이 되어 SM 엔터테인먼트는 물론 NCT 태용 본인도 이 팬의 정체에 대해 궁금해하는 지경에 이르렀다. 거대 자본을 갖고 있는 SM 엔터테인먼트의 각종 홍보보다 더 큰 파급력을 가진 최저가 진심 마케팅이었던 것이다. 그 마케팅의 동력은 단 하나, NCT를 사랑하는 마음, '팬심'이었다.

피켓의 문구를 보면 "태용의 신곡을 제발 한 번만 들어

NCT 태용 팬의 파격 지하철 홍보

출처 : X_@nctty0701nctty

보세요. 사진, 영상 마음껏 찍으셔도 됩니다"라고 쓰여 있다. 너무도 간절해서 태용의 신곡이 궁금해질 지경이다. 궁금해할 필요 없이 이 팬은 스피커로 켜놓고 춤까지 추기 때문에 신곡마저 쉽게 각인이 된다. 아이러니하게 비용을 들이지 않고 가장 성공한 마케팅이 되어버린 이 팬을 태용은 대대적으로 수배(?)하기 시작했다.

쉽게 찾을 수 없자 회사 차원에서도 공식 행사에 초청하고 싶다며 이 팬을 찾는 기사를 내기에 이르렀다. 그러나 이 팬은 모든 선물과 행사 초청을 정중히 거절했

NCT 태용이 직접 올린 트위터

출처 : 태용의 유튜브 채널 커뮤니티

다. 그 어떤 대가를 위해서 한 일이 아닌, 태용이 모두에게 사랑받았으면 하는 마음에 우러나와서 한 행동이라는 것이었다. 팬들은 이를 두고 팬심의 서사가 완벽하게 완성됐다고 엄지를 치켜들었다. 만약 옳다구나 하고 모든 초청행사에 참여하며 누렸으면 애초에 순수했던 팬의 의도마저 흐려졌을 거라는 것이다. 대체 팬심은 무엇이기에 돈도 되지 않고, 심지어 수치스러움을 이겨내고도 최애의 가치를 알리지 못해서 안달일까. 그리고 그 에너지는 수십억을 들인 전문가들의 홍보 영역마저 초월하는 효과를 냈다. 고전적인 피켓 시위(?) 방식이었지만 그 진심이 뜨거웠기에 수억의 바이럴 광고 효과를 낸 것이다.

이러한 팬심이 회사의 직원에게 투영된다고 생각하면 수억 원의 바이럴 마케팅이 가능한 능력자 홍보팀을 평

직원으로 두는 것과도 같다. 수십 년의 노하우를 가진 1등 엔터테인먼트의 홍보를 뛰어넘는 성과를 낸 건 단 한 명의 팬이었다. 그 팬은 자본도 인력 풀도 없었다. 가진 건 아티스트를 향한 진심, 팬심밖에 없었다. 회사가 직원보다 팬을 원할 수밖에 없는 이유다.

직원은 도망가지만 팬은 도망가지 않는다.
애사심보다 강력한 팬심의 힘
아니, 진심의 힘이다.

#06

침묵하는 팬이
가장 무섭다

#차라리 화를 냈으면 좋겠어

애정이 넘칠 때는 최애의 무보수 에이스 홍보맨을 자처하는 팬덤. 그 마음이 식었을 때의 면모는 어떨까. 과거에는 시간이 지나 팬 스스로 흥미가 떨어지지 않는 이상 외부적인 요인으로 팬심이 싸늘하게 식을 만한 탈덕의 계기가 별로 없었다. 팬에게 제공되는 정보 자체가 한정적이었기 때문이다. 특히 무대 뒤에서의 사적인 모습을 팬들이 알기란 굉장히 어려웠다. 그래서 신비주의 연예인의 맹활약이 가능했으며 소위 '이슬만 먹고 사는 음악과 결혼한 우리 오빠'라는 환상 유지가 가능했다.

지금은 예전에 비하면 정보량이 비교할 수 없을 정도로 방대하다. 소속사에서 제공하는 아티스트 정보 외에 SNS를 통해 스타가 자발적으로 제공하는 정보에 심지어 실시간으로 대중들이 업로드하는 목격담까지 추가된다. 이 때문에 아이돌 그룹이 홍대에 가서 '인생네컷'을 찍고 술을 한 잔 마시는 것도 목격 사진과 함께 기사화된다. 이와 더불어 팬들과의 소통을 위해 실시간으로 켜는 인스타 라이브 방송 또한 팬들이 얻게 되는 주요 정보 중 하나다. 바쁜 스케줄 가운데 시간을 짜내 자주 라이브를 켜는 아이돌은 팬들에게 '효자'로 불리며 칭송받는다.

좀처럼 닿기 힘든 최애의 일상을 공유받는 긍정적인

면도 있지만 과도한 정보는 팬들에게 본의 아니게 상처를 남기는 부작용을 일으키기도 한다. 얼마 전 모 아이돌이 라이브 방송을 하다가 유부남이라는 사실이 들통난 사건이 있었다. 라이브 방송 중 걸려 온 전화에 "아들은 자?"라는 오디오가 들어갔고, 실시간으로 접속해 라이브 방송을 보고 있던 팬들에게 생중계됐다. 해명을 시도했지만, 과거에 올렸던 게시물에 육아용품이나 장난감이 함께 찍힌 사진들이 추가 증거자료로 나오면서 이 사실을 인정할 수밖에 없었다.

차라리 화를 내주면 좋겠어

SNS가 활성화되기 이전 상황에 대입해 보면 방송국에서의 생방송 외에 라이브 방송조차 애초에 없었을 것이며, 연예인들이 직접 게시물을 실시간으로 올리는 플랫폼도 거의 전무했기에 증거자료(?)조차 나올 수 없었을 것이다.

하지만 지금은 상황이 전혀 다르다. 이에 팬들은 무대 위에서의 모습뿐 아니라 무대 아래서의 사생활도 클린하게 유지할 것을 요구한다. 이에 반하는 경우 모든 팬 활동에서 대대적으로 보이콧을 선언한다. 조용히 "오늘부터 팬 안 할래" 하고 탈덕하는 모양새가 아닌, 훨씬 위협적인 모습인 것이다. 문제를 일으킨 멤버의 탈퇴를 요구하는 성명서 게시는 물론 트럭 시위와 더불어 트위터에 해시태그를 활용한 탈퇴 운동을 이어간다. 트위터는 전 세계의 유저를 대상으로 하기 때문에 이 파급력은 무시할 수 없을 정도로 크다. 이에 결과적으로 보면 대부분 팬들의 요구대로 공식 사과를 하거나 탈퇴를 하게 된다.

팬들의 마음을 식게 했다는 이유로 탈퇴를 해야 하는 현실이 조금은 가혹하게 들리기도 한다. 과거엔 스타들이 한목소리로 팬들에게 좋은 연기 혹은 노래로 보답하겠다고 했다. 그리고 가수의 경우 좋은 노래, 배우의 경우 좋은 연기면 팬들은 만족했다. 그러나 지금 팬들은 좋은 노래와 연기만으로는 만족하지 않는다. 소위 외모나 학력, 자산, 직업, 집안, 성격, 심지어 특기 등 모든 측면에서 약점이 없는, 완벽함을 갖춘 사람을 '육각형 인간'이라고 하는데, 팬들은 육각형 이상의 스타를 원하는 것이다. 스마트해진 팬들을 만족시키기 위해서는 다각도의 입체적인 면모를 갖춰야 한다. 팬심을 달구기는 까다로워진 반면 팬들을 실망시키는 경우의 수는 너무도 많

다. 열애설은 물론 성의 없는 공항에서의 대응 혹은 표정
에도 팬들은 실망하고 그 실망감을 대대적으로 표현한
다. 몇만 명이 모인 돔 공연장에서 실망을 준 멤버의 파
트에서 응원봉을 아예 끄고 아무 소리도 안 내기도 한다.
일종의 침묵시위다. 팬의 환호를 먹고 사는 스타에게 암
흑 속에서의 침묵은 그 어떤 떠들썩한 시위보다 아찔하
고 공포스러운 순간이었을 것이다.

환호와 응원을 기본으로 하는 팬이 침묵으로 하는 보이
콧. 예전에는 팬심이 식으면 그냥 팬을 그만두고 말았지
만 최근에는 식은 그 마음을 표현하는 것마저 팬심의 연
결선상이 된다. 팬의 마음으로 항의하고 꾸짖는 것 자체
가 팬심을 표현하는 한 모습인 것이다. 이를 아티스트는
물론 아티스트로 수익을 창출하는 소속사는 신경 쓰지 않
을 수 없다. 변한 팬심은 즉각적인 앨범 구매 취소, 콘서트
불참 등 눈에 띄는 매출 하락으로 되돌아오기 때문이다.

물적 자본, 지적 자본보다 '공감 자본'

애초에 문제가 생기지 않는 것이 최선이겠지만, 이 같
은 일이 벌어졌을 때 가장 필요한 덕목은 무엇일까. 팬덤

을 기반으로 힘겹게 쌓아 올린 자본을 잃지 않기 위해서는 '공감 자본'이 필요하다. 물적 자본, 지적 자본을 넘어서 가장 중요한 요소로 꼽히는 것이 공감 자본이다. 타인에게 혹은 특정 상황에 공감할 수 있는 능력인데, 팬을 대상으로 하는 기업들에도 동일하게 적용된다. 팬심이 변하게 된 상황에 대한 공감이 제대로 갖춰지지 않으면 내놓는 대처법도 거스른 팬심을 되돌아오게 할 수가 없다. 예를 들어 멤버의 탈퇴를 요구하는 성난 팬심에 공감하지 못하고 월드투어 등의 굵직한 스케줄을 강행했다고 가정해 보자. 대관료 등 수백억의 손해를 볼 수 있는 행사이자 글로벌 팬과의 약속이기에 조정하는 것 자체가 쉬운 결정이 아닐 것이다. 그러나 이 경우에 대다수의 팬들은 내 마음을 공감받지 못했다고 여기게 된다. 팬심을 무시하는 엔터테인먼트가 만들어내는 아티스트 역시 팬들의 마음을 얻을 수 없다.

반면 굵직한 행사가 있지만 일단 진심 어린 자필 사과문과 함께 활동 중단기를 갖는 경우도 있다. 실제로 몇 개월의 활동 중단 이후 다시 복귀에 성공한 사례도 있다. 활동 중단 자체가 대대적인 변화를 일으킨 것은 아니지만 일단 이 같은 대처는 성난 팬들의 마음에 공감하고 진지하게 반응했다는 점만큼은 긍정적으로 평가할 수 있다.

해당 아티스트의 진심 어린 대응도 필수다. 한 아티스트는 활동 중단 이후 팬들을 가장 먼저 만나는 콘서트에서 펑펑 울며 진심을 얘기해서 화제를 모으기도 했다. 예전엔 기획사에서 준비해 준 기자회견장에 연예부 기자들만 불러서 사과문을 낭독했다면 이제 그런 일방적인 방식은 통하지 않는 것이다. 팬 감수성을 정확하게 이해하고 공감한 기획사의 대응과 아티스트의 감정적 공감이 이어지지 않으면 돌아선 팬심을 되돌리는 것은 너무도 어려운 일이다.

주요 엔터테인먼트의 팬 사업팀과 CRM 부서(Customer Relationship Management)의 규모가 나날이 커지는 이유이기도 하다. 엔터사의 고객인 팬들의 취향은 높아졌고, 주문 역시 까다로워졌다. 심지어 고객 집단마저 국내에 한정되는 것이 아닌 전 세계를 대상으로 기하급수적으로 커졌다. 공감을 위해 먼저 분석해야 할 모집단 자체가 어마어마해진 것이다. 단순히 매력 있는 아티스트를 내보이는 것 자체가 충분조건이 되지 않는다.

과거 월마트가 장바구니 분석을 통해 고객의 패턴을 분석하고 기저귀의 주 고객이 여성이 아닌 남성이라는 점을 발견한 적이 있다. 육아를 주로 담당하던 여성이 기저귀를 구매하는 것이 아니었던 것이다. 또한 남성이 기저귀를 구매하면서 맥주도 함께 구매한다는 사실을 깨달았다. 팬심을 움직이기 위해서는 기저귀 구매층이 남성이며 맥주와 함께 구매한다는 점만 깨달아서는 안 된다. 왜 남성이 기저귀와 맥주를 함께 구매하는지 그 심리까지 간파해야 한다. 실제로 남성들은 심부름으로 기저귀를 사러 가면서 보상 심리로 맥주를 구매하는 경우가 많았다. '힘들게 아기도 돌보고 기저귀까지 사러 나왔으니 오늘 밤 맥주 한 잔 마실 자격이 있지. 아내도 이해해 줄 거야. 암 그렇고말고' 하는 남성의 심리다. 이에 기저귀 매대 옆에 맥주와 남성 고객이 선호할 만한 아이템을 배치하고 대대적인 프로모션을 통해 수익을 끌어올릴 수 있었던 것이다. 기저귀를 구매하는 남성의 마음에 공감하여 해당 마트의 단골, 즉 팬으로 만드는 데 성공한 것이다. 필요에 의해서 물건을 사는 사람들보다 팬들의 마음은 훨씬 더 다변적이고 복합적이다. 이에 공감하고 꿰뚫어 보려는 다각적인 시도를 하는 사람만이 팬심을 놓치지 않을 수 있을 것이다.

#07

열정 크리에이터 집단,
일당은 없습니다

#제사상이 아닌 생일카페

여의도 증권가에서 분석했다는 131쪽짜리 보고서. 팬들과 전혀 무관해 보이는 이 증권가의 보고서에 수많은 케이팝 팬들은 "뼈를 세게 맞아서 아프다"며 난리가 났다. 그만큼 팬덤의 특징을 벌거벗긴 듯 정확하고 낱낱이 분석했기 때문이다. 내 목소리를 녹음해서 내가 들을 때 소름이 끼치는 것처럼 팬으로서의 민낯을 제대로 들킨 기분이라며 팬들은 희열감과 동시에 수치심 또한 크게 느꼈다. 그중 팬들이 가장 소름 끼쳐 했던 대목 중 하나는 케이팝 팬을 '무보수 크리에이터 집단'이라고 표현했던 부분이었다. 실제로 온라인상에서 특정 아이돌의 콘텐츠를 찾아보면 기획사, 방송국에서 제작한 것 외에는 전부 팬들이 창작한 콘텐츠이다. 각 방송사의 프로그램이나 뮤직비디오를 구간별로 자르고 재편집한 2차적 창작물도 있고, 본인들이 직접 촬영부터 편집까지 담당한 온전한 팬 창작물도 많다.

무대에서 옷을 갈아입기라도 한 듯 자연스럽게 의상이 체인지되는 교차 편집 영상. 이제는 팬덤이 있는 아이돌이라면 필수적으로 업로드되는 클래식한 콘텐츠지만, 이 또한 팬들이 먼저 만들기 시작하여 유행이 되고 아이돌 필수 아이템으로 정착된 영상 콘텐츠다. 기존의 음악 방송 무대

의 비슷한 컷, 예를 들면 SBS 〈인기가요〉의 풀샷을 KBS 〈뮤직뱅크〉의 풀샷으로 이어 붙여 한 곡에서 여러 벌로 의상이 체인지되는 느낌을 나게 하는 것이다. 팬들이 만든 교차편집 영상에서 조금 발전된 버전이 원더케이의 〈내돌의 온도차〉라는 콘텐츠다. 〈내돌의 온도차〉는 팬들이 열광하는 요소 중 하나인 갭 모에('갭gap'은 영어로 '차이'. '모에'는 일본어 '모에루萌える'에서 온 '싹이 튼다'라는 의미다. 반전 매력을 통해 긍정적인 감정의 싹이 트는 것을 '갭 모에'라고 한다)를 기반으로 한 교차 편집 영상이다. 다양한 착장과 그에 맞는 무드의 스타를 보고 싶어 하는 팬들의 니즈를 정확히 간파했다는 평가를 받고 있다. 이 영상에서는 강렬한 가죽 의상부터, 핼러윈 분장, 농부 패션, 직장인 스타일의 정장까지 전혀 다른 느낌의 다양한 착장을 입은 안무가 2초 간격으로 교차 편집된다. 보통 타이틀곡 한 곡에 한 가지 의상으로 전체 무대를 했었다면, 3분 안에 열 벌 이상의 다른 무드의 스타를 볼 수 있기에 팬들을 이 콘텐츠에 환호했다.

자발적 콘텐츠 생산의 범위는 어디까지일까

이처럼 다양한 니즈를 가진 팬덤을 충족시키기 위해

현재 지상파 음악 방송 역시 본무대 영상 외에 멤버별 직캠은 물론 컷 편집 없이 한 번에 찍은 원테이크 4K 영상 등을 방송 직후에 다채롭게 제공한다. 이 역시 팬들에게는 창의적으로 재가공할 만한 좋은 소스다. 물론 재가공에 대한 보수는 없다. 그럼에도 팬들은 자발적으로 재편집한 영상을 업로드하고 다른 팬들의 피드백을 받으며 나의 최애의 가치를 다시 한번 확인한다. 또한 팬들 간의 소통을 통해 스타에 대한 동일한 감정을 공유하며 하나의 단단한 커뮤니티로 자리 잡는다.

나 또한 과거에 한 밴드에 입덕했을 때 라이브 방송 등의 영상을 재편집해서 SNS에 업로드한 적이 있다. 내가 느끼는 이 아티스트의 가치가 나의 창작물을 통해 널리 알려지기를 바라는 마음이 컸다. 수익에 대한 욕구는 애초에 존재하지 않았다. 대가를 바라지도 않았다. 그래서 더 지치지 않고 매진할 수 있었던 것 같다. 이렇게 돈에 연연하지 않는 숭고한 마음과 열정으로 임해서 연예인 못지않은 유명세를 얻은 팬들도 있다. 팬들은 이런 유명 팬을 '네임드 팬(Named-fan)'이라고 부르며, 이들이 최애 영상을 업로드하는 유튜브를 '팬튜브'라고 말한다. 팬튜브의 퀄리티는 기존 제작사에서 따라갈 수가 없다. 애초에 나노 단위로 최애를 뜯어 보는 애정 어린 팬의 관점을 가질 수 없기 때문이다. 제작 업무에 대한 자부심과 기술의 발전만으로는 매 순간 가슴이 웅장해지는 팬심을 따라갈 순 없다. 팬들만이 만들어 낼 수 있는 재기발랄한 콘텐츠에 해당 연예인이 감동받아 언급하는 경우도 많다.

연예인은 물론 기획사 또한 이러한 팬 콘텐츠를 향후 사업이나 콘텐츠 제작 방향에 참고하기도 한다. 그룹의 특정 멤버 두 명씩을 조합해 만드는 유닛 콘텐츠도 사실상 팬들이 시초라고 볼 수 있다. 그룹에 대해서 너무도 잘 아는 팬들은 그 안에서 합이 좋은 멤버별 조합에 흥미를 가질 수밖에 없었다. 과거에는 멤버를 엮어서 주로 온라인상에 팬픽(팬 픽션Fan Fiction은 팬 문화의 일환으로, 팬Fan이 만들어 낸 허구Fiction이다)으로 쓰곤 했다. 과거엔 주로 텍스트 기반의 콘텐츠에 그쳤다면 지금은 상황이 다르다. 팬들이 시작한 유닛 콘텐츠에서 영감을 얻어 기획사들은 합이 좋은 멤버들 혹은 상극의 멤버들을 엮어서 토크쇼와 같은 영상 콘텐츠를 만들어 낸다. 이제 이런 유닛 콘텐츠는 아이돌 자체 콘텐츠의 필수 코스 중 하나가 되었다. ITZY의 〈둘씩의 데이트〉, 스트레이 키즈의 〈투키즈룸〉이 그것들이다. 이 콘텐츠의 하이라이트 부분을 팬들은 또 고르고 잘라내 새로운 음악과 자막을 입혀서 전혀 다른 매력의 2차 콘텐츠로 재생산한다.

한국식 아이돌 생일 카페, LA까지 접수하다

팬들이 영상 저작물만 만드는 건 아니다. 팬들은 심지어 주체나 대상이 없어도 문화 콘텐츠를 만드는 무보수 창작 능력자들이다. 생일 카페에 대해 들어본 적이 있는가. 아이돌 팬들이 멤버의 생일을 기념해 카페를 대관해 꾸미고 이벤트를 여는 것을 말한다. 분명 생일 카페인데 생일자는 없다. 생일자 없는 생일파티라니. 뭔가 음울한 제사상과 같은 이미지가 떠오른다면 오산이다. 생일자는 없지만 팬덤마다 특색있게 공간을 꾸미고 획기적인 이벤트를 만든다. 여기에 모인 팬들은 직접 만든 굿즈를 나눔하기도 하고 앨범 포토카드를 교환하기도 한다. 심지어 전국 여러 곳에서 동시에 진행되어 아이돌의 생일에 맞춰 팬들은 '생일 카페 투어'를 돌기도 한다. 아이돌 멤버 개인의 생일이 수많은 팬들에게도 풍성한 이벤트가 열리는 날이 되는 것이다. 이런 문화를 만들고 발전시키고 소비하는 주최 또한 팬들이다.

보통 기업에서는 기업을 알리기 위해 값비싼 공간을 대여하고 홍보 직원을 고용하는데 수억을 들인다. 그럼에도 성공하기 쉽지 않은 것이 요즘 시대의 홍보다. 그러나 일당을 받기는커녕 오히려 사비를 들여서 이벤트를 만들고 개성 넘치고 눈길을 끄는 '팬 메이드 이벤트'인 생일 카페는 그 자체로 엄청난 홍보가 된다. 아이돌 멤버가 직접 가서 인증이라도 하는 날엔 엄청난 성지로 회자되어 또 한 번 이슈가 되기도 한다. 이 때문에 아티스트역시 '회사보다 일 잘하는 팬들'이라는 조롱 아닌 조롱을하게 되는 것이다. 특히 해외 팬까지 유입되면서 한국 특유의 생일 카페 문화는 전 세계적으로 퍼졌다. 실제 LA에서는 한국식 생일 카페가 유행이 되었다고 한다.

과거부터 팬들은 양지보다는 음지에 있기를 본의 아니게 자처했으며 사회적으로도 긍정적인 대우를 받지 못했던 것이 사실이다. 엔터테인먼트 회사 입장에서도 팬들이란 아티스트 보호를 위해 적대시하고 멀리 해야 하는 대상에 조금 더 가까웠다. 그러나 팬들의 창작 능력과아이디어가 어느 때보다 빛을 발하는 지금, 팬들은 스스로 양지로 걸어나왔다. 생일 카페가 그 단적인 예다. 그간팬들은 온라인이나 보이지 않는 한 귀퉁이에서 팬심을 키워갔다면 생일 카페는 성수동, 홍대 등 젊은 층이 많이 모이는 대중적인 장소에서 열린다. 그만큼 파급력도 막강하지만 그보다 놀라운 것은 스스로 누군가의 팬임을 드러내고 즐기는 모습이다. 오히려 아이돌의 존재를 모르고 카페를 찾은 일반 손님에게 오늘 누구누구의 생일인데 생일 특전 음료를 드셔보겠냐며 적극적으로 '최애를 영업'한다. 아이돌의 팬이 아니었던 일반 손님들도 포토카트, 컵 홀더 등 각종 특전을 무료로 쥐여주는 상황에서 작은 호기심이라도 동할 수밖에 없다. 팬들은 이것 또한 팬덤의 즐거운 문화 중 하나로 인식한다. 극성맞은 행동으로 위협감이나 거부감을 주던 과거의 모습과 확연히 다르다. 그래서 생일 카페의 분위기도 팬덤의 아이디어처럼 밝고 화사하다.

**대가 없이도 처절하게
최애의 가치를 알리고 싶은 뜨거운 팬심.
애정을 이기는 창작 원료는 없다.**

#08

팬들의 진화,
어디까지인가?

#역조공은 필수! 심지어 잘해야 한다

〈불후의 명곡〉 조연출로 일하고 있을 때 주문한 적 없는 도시락이 내 자리에 놓여있었다. 다른 스태프에게 이게 뭐냐고 물으니 오늘 출연하는 가수의 팬이 보내준 '제작진용 조공'이라고 했다. 다시 보니 도시락에는 우리 가수를 예쁘게 봐 달라는 정성스러운 메시지의 스티커도 붙어 있었다. '조공'은 종속국이 종주국에 예물을 바치던 것에서 변형된 은어다. 다소 부정적인 어감이 있어 조공 대신 서포트라는 단어로 바꿔서 쓰기도 한다. 단어의 차이는 있지만 팬덤이 생길 때부터 서포트 문화는 존재했다. 종이학 천 마리부터 고가의 그랜드 피아노까지 종류도 규모도 다양했다. 과거에는 팬덤 단체의 선물보다는 개인적으로 주는 선물이 더 많았다. 한정판 명품처럼 팬 개인을 기억하게 할 수 있는 선물을 주기도 했는데, 이를 중고 장터에 내다 파는 것이 발각되는, 웃지 못할 해프닝도 종종 있었다.

팬심을 표현하는 수단이었던 선물, 서포트가 점차 체계화되면서 그 규모도 커지기 시작했다. 그러자 몇몇 스타들이 조공 및 서포트를 거절하겠다고 선언하기 시작했다. 팬들의 부담을 덜어주기 위해서다. 실제로 아이유는 정산받아서 나도 이제 돈이 많다고 너스레를 떨며 직접 살 수 있는 기쁨을 누리게 해달라는 센스있는 말로 팬들에게 감동을 주었다. 아이유 외에도 이제는 회사 차원에서 팬들로부터 서포트나 고가의 선물을 받는 것을 전면 금지하는 추세다. 이에 팬심을 표현할 길이 없어진 팬들은 기부나 숲 조성 등으로 서포트 방법을 바꾸고 있다.

역조공은 필수, 심지어 잘해야 한다

팬들의 조공을 금지한 것으로 모자라 이제는 역으로 스타가 팬들에게 베푸는 '역조공'이 필수가 되었다. 보통 사랑을 받는 데에 익숙한 스타가 팬에게 주는 선물이라니. 존재 자체가 선물이고 음악으로 팬 사랑에 보답하는 건 조금은 옛날이야기가 되어버렸다. 심지어 역조공에 들이는 정성의 정도가 낱낱이 비교되는 순간이 있는데, 바로 〈아이돌스타 육상 선수권대회(이하 아육대)〉 녹화가 진행되는 날이다. 대세 아이돌과 그 팬덤이 전부 모이는 날, 응원을 위해 모인 팬들이 아침부터 늦은 밤까지 대기하는 날이다. 고생하는 팬들을 위해 아이돌 그룹은 직접 만든 쿠키부터, 삼계탕까지 다채로운 역조공을 선사한다. 그리고 이런 역조공 현황들은 '역조공 중계봇' 등의 계정명으로 트위터에 실시간으로 올라오며 팬덤 간의 비교와 경쟁이 시작된다. 역대급 역조공으로 뽑힌 팬덤은 본인의 최애에 대한 자부심이 더 극대화될 것이고 반대의 경우는 씁쓸함을 감추지 못할 것이다. 이 같은 현상에 아티스트 본인은 물론 엔터테인먼트 입장에서도 잔뜩 신경 쓸 수밖에 없다. 사실상 이를 받아 소비하는 팬덤에게도 부담이긴 마찬가지일 것이다. 응원하는 마음으로 참석한 날이 서로에게 부담으로 다가오는, 조금은 빛이 바래버린 날이 되었기 때문이다. 단순히 이 같은 이유 때문만은 아니지만 〈아육대〉는 팬덤 간의 불필요한 경쟁을 유발한다는 등의 이유로 폐지론이 꾸준히 주장되었고 2023년부터는 방영되지 않았다.

〈아육대〉의 중단으로 역조공 경쟁이 끝난 것은 아니다. 사실 아이돌에게 가장 중요한 날은 컴백이다. 공들여 준비한 앨범으로 팬들 앞에 서는 날이기 때문이다. 신곡과 새로운 콘셉트를 소개하기도 바쁜 날 공들여 준비해야 할 또 다른 것이 '컴백 기념 역조공'이다. 컴백 무대에는 보통 팬클럽 중에서도 선발된 몇백 명의 인원이 오게된다. 이른 아침 사전 녹화부터 저녁 생방송까지 아이돌에게도 팬들에게도 혹독한 일정을 소화해야 하는 날이다. 이런 팬들의 고된 대기 시간을 배려해 의미 있게 채워주는 것도 아이돌의 큰 덕목 중 하나가 되어버렸다. 이를 위해 아이돌은 커피 차나 간식 차는 기본이고 두고두고 회자될 만한 선물들을 준비한다. 가수 현아의 경우 추위에 기다리는 팬들을 위해 패딩을 선물하기도 했다. 스트레이 키즈의 경우 컴백 활동 기간 내내 줄 서서 먹는 핫한 맛집의 음식들을 선물해 "아이돌이 팬들 서울 맛집 투어를 시켜준다"는 평을 들었다. 고가의 선물 외에 직접 만든 선물에도 팬들은 환호한다. 반면 정성도 가격도 나가지 않는 선물을 받은 팬덤은 여지없이 실망감을 표현하며, 타 팬덤은 이를 조롱하기도 한다. 신곡에 대한 반응만큼 실시간으로 피드백이 오는 것이 역조공이기에 공들여 준비할 수밖에 없다. 심지어 사비를 들여 준비하는 연예인들도 많다. 그만큼 중요도가 커졌기 때문이다.

가격 경쟁 혹은 정성 경쟁의 소리 없는 투쟁의 장에서 벗어난 경우도 있다. 방탄소년단의 데뷔 10주년 역조공인 〈BTS 페스타〉가 바로 그 경우다. 〈BTS 페스타〉는 BTS가 팬덤 아미를 위해 준비한 역대급 규모의 역조공이자 축제였다. 여의도가 온통 보랏빛으로 물들던 날 BTS의 대표적인 자체 콘텐츠인 〈달려라 방탄〉 무대 의상 전시부터 10주년 기념으로 제작한 각종 조형물, 라이브 스크린 등 다양한 전시 및 체험 프로그램이 진행됐으며 밤에는 10주년 기념 불꽃쇼가 하늘을 화려하게 수놓았다. 이 같은 통 큰 역조공에 75만 명의 팬들은 뜨겁게 화답했다. 팬들에게는 말 그대로 하루 온종일 방탄소년단을 누리는 날이었던 것이다. 비싼 선물 대신 값진 문화와 추억을 선물 받은 팬덤 아미의 자부심은 말로 표현할 수 없을 것이다.

톱다운 방식에서 바텀업 방식으로

아이돌의 전유물과도 같았던 버블(스타의 메시지를 받고 그 메시지에 답장을 보낼 수 있는 월 구독형 메시지 서비스 앱). 이 버블에 JYP 엔터테인먼트의 수장인 박진영이 등장해서 화제가 되었다.

기성세대 연예인을 넘어선 현재 연예기획사의 수장이 팬들과의 일대일 대화를 시도한다는 것 자체가 참신한 일이었기 때문이다. JYP 소속 아이돌도 일제히 버블 구독을 선언하며 박진영의 행보에 대해 궁금해하고 흥미로워했다. 박진영은 여타 아이돌이 그러하듯 팬들을 '소

박진영 버블 메시지 화면

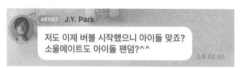

ARTIST J.Y. Park

저도 이제 버블 시작했으니 아이돌 맞죠?
소울메이트도 아이돌 팬덤?^^

오후 05:30

출처 : 버블

울메이트'라는 애칭으로 부르며 셀카도 찍어서 올려주
는 등 실시간으로 소통을 시도했다. 그런 그의 행보에
'밴드에 글 올리는 우리 부모님 같다'며 팬들은 아재미
(美)에 친숙함을 느끼며 즐거워했다. 심지어 팬들이 나
서서 요즘 감성으로 셀카 찍는 방법 등도 직접 교정해
주기에 이르렀다. 박진영은 이런 팬들의 의견을 유연하
게 받아들이며 팬들이 가르쳐 준 방법으로 셀카를 다시
찍어봤다며 피드백 또한 실시간으로 팬들에게 공유해
주었다.

신비주의가 대세였던 세기말에 가장 활발히 활동했던
박진영의 버블 가입이 시사하는 의미는 꽤 크다. 이제 더
이상 스타가 전지전능한 위치에서 '톱다운 방식'으로 팬
덤을 대해서는 안 된다는 것이다. 팬들은 무분별하지도
않고, 의미 없는 소통에 만족하지도 않는다. 그리고 진정
성을 판별하는 매서운 눈썰미도 갖췄다. 남들보다 앞선

패션 감각으로 데뷔 때부터 화제를 모았던 아티스트 박진영이 이를 먼저 간파한 것은 아닐까.

교수님 등판하셨다는 장난기 어린 놀림을 받는 윤종신 또한 의외로 버블에 등록된 아티스트다. 미스틱 엔터테인먼트의 대표 프로듀서인 윤종신은 버블의 닉네임을 스스로 '버블 최고령'으로 지으며 화제를 모았다. 1969년생답게 팬들에게 본인의 근황을 잘 나온 셀카가 아닌 혈압계 사진으로 알려서 각종 커뮤니티에서 언급되기도 했다. 어찌 보면 실제 본인의 근황이므로 진정성 있는 실제 근황이기도 하다. 스타가 버블 메시지를 보내주는 횟수 또한 팬들에게는 굉장히 중요하다. 버블에 자주 등장하면 효자돌이 되고 자주 오지 않으면 바로 초심을 잃었다는 비난에 휩싸인다. 이를 방지하기 위해 아티스트 본인에게도 장기간 메시지를 보내지 않으면 팬들에게 메시지를 보내야 한다는 경고 알림이 울린다고 한다.

그러나 버블에 익숙하지 않은 윤종신은 3개월간 메시지를 보내지 않기도 했다. 실제로 7일 이상 메시지를 보내지 않으면 환불이 되는 사유다. 그럼에도 윤종신의 버블을 구독하는 팬들은 비난보다는 "서운하긴 하지만 그마저 윤종신답다. 실제로도 문자를 많이 하지 않을 것 같

윤종신 버블 메시지 화면

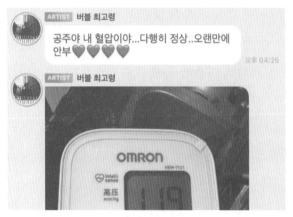

ARTIST 버블 최고령

공주야 내 혈압이야...다행히 정상..오랜만에
안부🖤🖤🖤🖤

오후 04:25

ARTIST 버블 최고령

출처 : 버블

다"는 식의 너그러운 평가를 내렸다. 아티스트의 본질을
이해하는 맞춤형 평가를 내릴 정도로 팬들은 진화한 것
이다.

이제 더 이상 코딩 명령어 넣듯 A라는 명령어를 넣으
면 A가 나오던 팬덤이 아니다. 스타나 브랜드의 모든 면
모를 무분별하게 좋아하지도 않는다. 좋은 의도를 가진
기획도 실패할 확률이 오히려 과거보다 높아졌다는 의
미다. 정보량도 많아지고 환경은 개선되었지만 팬덤 타
깃팅은 아이러니하게 어려워졌다. 소비하는 팬들이 다
변적으로 변했기 때문이다. 이를 관통하기 위해서는 단

순한 반응만이 아닌 상황에 따른 팬들의 피드백을 모아서 분석하는 일이 필요하다. 이를 위해 엔터테인먼트의 대표인 박진영과 윤종신도 팬덤의 중심에 나선 것이다. 먼저 이해하고 행동하지 않으면 얻을 수 있는 것은 없다.

팬들은 더 이상 기획사나
아티스트 아래에 있지 않다.
위에서 아래로 흘려보내는
모든 형태의 접근이 부작용을 낳는 이유다.

PART 02

팬은 공식대로
움직이지 않는다

#01

스토리를 이기는
통계는 없다

#꺼지지 않는 무한 에너지, 팬덤

흔히 실무를 하는 기획자들에게 상급자는 눈에 보이는 성과 혹은 통계로 입증되는 수익을 가져오라고 한다. 방송국으로 따지면 높은 시청률이나 광고 판매액처럼 수치로 입증 가능한 성과를 달성하라는 명확한 주문이다. 이때 꼭 이런 말을 덧붙인다. "일하는 너희들끼리 즐겁고 유의미했다거나 소외된 시청자들에게 유익했다 같은 무의미한 말은 빼라." 결괏값 외에 기획 과정에서 발생한 크고 작은 의미 즉, 수치로 증명되지 않는 스토리는 일단 배제하라는 뜻이기도 하다. 그러나 요즘 기획을 살펴보면 아이러니하게 이런 소소한 스토리텔링에서 화제성이나 엄청난 수익이 나오는 경우가 많다. 특히 팬심을 기반으로 한 마케팅의 경우 더더욱 그렇다.

'덕통사고', 마니아를 뜻하는 일본어 '오덕후'를 덕으로 줄인 '덕' 자에 '교통사고'를 합성한 단어다. 불시에 교통사고를 당하는 것처럼 우연한 기회에 강렬하게 특정 분야나 인물에 대한 마니아가 되는 것을 말한다. 연예인에게 입덕하게 된 계기를 물었을 때 대다수의 팬들은 "덕통사고를 당했다"고 표현한다. 논리적인 이유나 계기 없이 어느 순간 사랑에 빠진 것이다. 사실 이 자체만으로 팬심을 갖게 된 첫 도입부터 스토리텔링이 화려하다. 나의 개인적인 데이터를 분석해 모든 조건과 각종 스펙을 따져서 결혼 정보 회사에서 유료로 만남을 주선해 주는 사람. 혹은 부모님이 이만하면 나에게 적합하다고 이성적으로 판단해서 소개해 주는 결혼 상대. 이렇게 나름 완벽하게 데이터로 입증된 사람과 '올해는 꼭 결혼하리라'는 결심까지 더해 한껏 차려입고 호텔 카페에서 의욕적으로 만나보지만, 이상하게도 불꽃이 도저히 튀지 않는다. 하지만 생각지도 못한 우연한 계기에 내 눈에만 번쩍 후광이 비쳤던 사람. 심지어 객관적으로 타인이 판단했을 때는 나에게 부적합하거나 오히려 어울리지 않는 사람에게는 심하게 몰입하게 된다. '아, 이게 운명이구나…' 하는 원인 불명의 두근거림으로 시작한 이 설명 불가한 러브스토리는 자체적으로 급전개된다. 이때 누군가가 이 연애에 대해 반대 의견을 내거나 둘 사이를 갈라놓으려고 하면 그 사랑의 스파크는 더 뜨겁게 타오른다. 현실판 로미오와 줄리엣인 것이다. 연예인에게 입덕하고 브랜드와 사랑에 빠지는 것 또한 이 같은 스토리 전개와 화학적 회로가 꽤 유사하다. 계획에 없었던 우연한 계기, 이를테면 알고리즘에 의해 우연히 클릭해 본 직캠을 통해 특정 멤버의 얼굴에 비치는 후광을 확인한다. 아뿔싸! 덕통사고다. 이성적으로는 내가 이럴 때가 아니라는 걸 안다. 날 잘 아는 친구들도 대부분 정신 나갔냐며 덕질을 반대한다. 그러나 그럴수록 최애에 대한 애가 닳는 마음은 더 커질 뿐이다. 이렇게 팬덤은 그 시작부터 엄청난 스토리와 서사와 함께 출발해 끝을 모르고 깊어진다.

이런 현상을 마케팅 영역에서 '내러티브 마케팅'이라고 칭하기도 한다. 스타벅스, 애플 등 특정 브랜드의 정체성을 사랑하고 제품을 추종하는 일도 마찬가지다. 앞서 언급한 덕통사고에서 알 수 있듯 이성보다는 감성에 움직인다는 점도 팬덤의 특이점이다. 이성과 달리 감성은 몸집을 얼마든지 키울 수 있다. 누군가의 공감과 지지를 받으면 그 애틋한 감성은 더 배가된다. 그러나 냉철한 판단의 영역인 이성은 크게 달라지거나 그 세력이 좀처럼 커지지 않는다. 오히려 이성은 객관적인 반대 판단 근거가 생기면 전원 꺼지듯 한순간에 힘을 잃기도 한다. 다행히 엔터테인먼트 산업이나 팬덤 기반의 마케팅은 감성의 영역이다. 누가 어떻게 터치하느냐에 따라서 엄청난 에너지원이 될 수 있는 것이다.

사장보다 열정적인 아르바이트생은 없다

전국 사장들의 가장 큰 고민이 전국을 뒤져도 나만큼 열심히 하는 아르바이트생이 없다는 점이다. 이에 사장은 "어휴, 내가 아니면 누가 해. 내가 해야지 뭐"라는 자포자기하는 마음으로 직접 몸을 갈아서 일하거나, 무성의한 아르바이트생을 해고하거나 둘 중 한 방법을 따를 수밖에 없다. 기획자 역시 마찬가지다. 기획 의도를 수립하고 이끌어 가는 메인 기획자가 사장이라면 팀원들은 아르바이트생이다. 기획을 세운 만큼 열정적이기는커녕 한없이 수동적이고 하루빨리 프로젝트가 끝나기만을 바랄 뿐이다. 나름 월급도 야근 수당도 잘 챙겨주는데 대체 왜 그럴까. 오히려 수당은커녕 본인 사비와 시간을 들이며 활동하는 팬들은 이리도 생산 열정이 넘치는데 말이다. 그 내면을 살펴보면 쉽게 알 수 있다.

현실적으로 아르바이트생이 바꿀 수 있는 건 아무것도 없다. 물건의 가격은 당연하고 물건 배치조차도 마음대로 바꿔선 안 된다. 전부 사장이 고려하여 만든 배치 혹은 마케팅 기본 상식에 의거해 정해진 배치이기 때문이다. 손발이 묶인 채 본인이 아무것도 주도하지 못하는 상황에서 아르바이트생이 의욕을 갖길 바라는 것 자체가 어불성설이다. 아르바이트생이 이처럼 태생적으로 능동적이지 못하고 불행한 반면, 팬들은 브랜드나 스타의 팬으로서 참여하는 것 자체로 일차적인 정서적 행복과 만족감을 얻는다. 퍽퍽한 이 사회에서 특정 대상을 좋아하는 그 마음만으로도 내면이 충족될 만할 요소가 충분하기 때문이다. 거기에 주도적으로 바꿀 수 있는 것도 꽤 많다. 호감의 마음을 한껏 표현해 응원하거나 서포트할 수도 있고, 마음에 안 들 경우 항의해 전면 수정할 수도 있다. 실질적인 포지션상 아르바이트생이 아닌 사장님인 것이다. 실제로 내가 영향력을 미칠 수 있고, 팬덤을 대하는 기업이나 기획사 또한 그것을 존중하고 원하기 때문이다.

입덕을 부르는 컬트 마케팅

이 세상 모든 사람은 본인이 소외되길 원치 않는다. 또한 가능하다면 주인공이 되고 싶다. 주인공이 되고 싶은 인정 욕구는 인간의 본능이기 때문이다. 열성적으로 무언가를 좋아하는 사람, 즉 팬의 경우 이러한 본능이 조금 더 강하다. 이를 잘 건드리면 어떤 기획이든 엄청난 성공으로 이어질 수 있다. 쉽게 말해 팬으로 하여금 주인 의식을 갖게 하는 것이다. 아르바이트생은 수동적으로 퇴근 시간만 손꼽아 기다리며 되도록 손님이 최대한 안 오기를 바란다. 사장은 그 반대다. 내 몸이 축날지라도 가게가 손님으로 24시간 바글바글하기를 바라고 또 바란다. 사장은 그 가게의 '주인'이기 때문이다. 그만큼 주인 의식의 유무는 결과 면에서 엄청난 질적 차이를 가져온다. 이를 알고 있는 기획자들은 팬 혹은 소비자들이 참여하고 있다는 자각과 주인 의식을 동시에 고취시키는 것을 이벤트의 최우선 기획 의도로 삼는다. 고전적인 예시로는 SNS 인증 이벤트나 UCC 응모 등이 있다. '직접' 촬영하고 편집하고 '직접' 본인의 SNS에 업로드하는 동작을 하게 함으로써, 물리적으로 참여했다는 자각을 의도적으로 심어주는 것이다. 최근에도 간편 식품 브랜드인 피코크에서 900명의 맛 평가단을 '피코크 테이스터'로 선발해 시식은 물론 직접 상품 개발 단계에 참여토록 했는데 이 역시 소비자의 주인 의식을 자극시켜 팬덤으로 만들려는 적극적인 노력이자 시도였다. 심지어 오토바이 브랜드 할리데이비슨은 이 브랜드의 팬덤을 할리데이비슨 '오너'들의 모임 H.O.G.™(Harley Owners Group)이라고 칭하며, 단골 소비자들을 직접 주인이자 소유자(오너)라고 치켜세우기도 한다.

　팬덤 마케팅의 성공을 위해서는 물리적으로도 정서적으로도 당신은 소외되지 않았으며 이 구역의 주인이라는 메시지를 계속 주어야 한다. 누구나 스스로에 대해 생각하길 내가 아무 권한도 없는 아르바이트생이라고 느끼는 순간 활동 의욕이 사라지기 때문이다. 그리고 이러한 의욕 저하는 사장(기획자) 및 기업의 직접적인 손실로 이어진다. 설령 콘텐츠 기획자나 기업이 실질적인 사장일지라도 그 사실을 들켜서는 안 된다. 수단과 방법을 가리지 않고 팬이나 소비자가 사장으로 스스로 인식하도록 만들어주어야 한다. 본인이 사장 혹은 주인이라는 마음가짐이 생기면 내 것의 성장과 발전에 대해 애착을 가질 수밖에 없기 때문이다. 이러한 일련의 과정이 성공적이면 브랜드에 헌신적인 컬트 고객을 만들어내는 컬트 마케팅(어떤 인물, 이념, 사물에 귀의하고 헌신을 바치는 집단 또는 의미 체계를 브랜드나 제품에 투영시켜 소비자를 팬덤으로 만드는 것을 말한다) 성공에 수월하게 도달할 수 있을 것이다.

#02

내가 키우고
내가 소비한다

#바이미(By-me) 신드롬

기획자는 늘 생각한다. 소비자 혹은 팬들이 언제 반응하고 환호하는지 데이터로 일목요연하게 정리되어 있다면 얼마나 좋을까. 이 데이터를 토대로 마케팅 계획을 수립하면 큰 노력이나 시행착오 없이도 상당한 이익과 성공을 거둘 수 있을 테니 말이다. 쉽사리 손에 잡히지 않는 그 황금 데이터를 수집하기 위해서는 소비자가 놀 수 있는 장을 만들어서 그 안에서 그들이 노는 행태를 분석하고 파악해야 한다. 문제는 그 시작 자체가 어렵다는 점이다. 어떤 환경에서 소비자와 팬들이 내공을 드러내며 신명 나게 노는지 대부분 잘 모르기 때문이다.

팬들의 엄지손가락으로 탄생한 국민 트로트 영웅

이러한 기획자의 고민을 한 번에 해결하는데 큰 힌트가 될 만한 프로그램이 바로 〈미스터트롯〉이다. 홀어머니 밑에서 자라며 탈선하지 않고, 무명 시절 지하철역 앞에서 군고구마를 팔며 가수의 꿈을 키워온 트로트 영웅 임영웅의 서사는 그 자체로 완벽했다. 감동적인 내러티브로도 모자라 훤칠한 외모와 겸손한 청년의 미소로 부른 노사연의 〈바램〉은 듣는 순간 누구든 3초 만에 입덕하게 된다고 해서 팬들 사이에선 '3초의 기적'으로 불린다. 물론 이전에도 뮤지션들의 감동적인 무대에 반해 팬이 되는 경우는 수없이 많았을 것이다. 그러나 이 프로그램이 좀 더 특별한 이유는 시청자가 팬이 되어 자발적으로 '참여'해 임영웅을 국민 영웅으로 만들 수 있는 장치를 만들어 두었기 때문이다.

대국민 문자 투표가 바로 그것이었다. 현장의 심사 위원의 평가는 기본이고 시청자를 대상으로 팬덤 참여 기반의 이른바 인기투표를 시작한 것이다. 이에 전국의 중장년 팬들이 사돈의 팔촌까지 연락을 돌려 7번 임영웅을 찍으라고 적극적으로 투표 독려에 나서게 되었고, 이는 엄청난 위력을 발휘했다. 실제로 임영웅은 문자 투표에서만 무려 130만 표 이상을 받아 압도적인 1위로 최종 우승했다. 얼른 임영웅을 찍으라고 시청자이자 팬덤이 나섰던 것이 임영웅을 나만의 최애가 아닌 국민 트로트 영웅으로 만든 것이다. 이때 느꼈던 팬들의 성취와 희열감은 엄청났을 것이다. 나로 인해, 심지어 내 엄지손가락으로 인해 큰 변화가 일어났기 때문이다. 이를 바이미(By-me) 신드롬이라고 하는데, 소비자들이 제품에 대한 의견을 내는 수준을 넘어 '바이미(By-me)' 즉, '나에 의해'

브랜드가 만들어지는 과정을 즐기는 현상을 말한다. 자식을 다 키우고 딱히 목표도 취미도 부재하기 쉬운 중장년층 혹은 노년층에게 내 손가락 하나로 국민 영웅을 만든다는 건 엄청나게 유의미한 경험이자 이례적인 사건이었다. 그들에겐 수십 년 만에 자기 효능감마저 자극되는 역사적인 일이었을 것이다.

적극적으로 관여하는 팬슈머(Fansumer)

내가 배 아파 낳고 기른 건 아니지만, 내 손가락 끝에서 국민 스타가 탄생했다. 이런 상황이 되면 설령 그 누구도 인정하지 않더라도 확고하게 나의 세계 속에서 그 스타나 대상에 명확한 나의 지분이 생긴다. 설사 나만 인정하는 지분이더라도 중요한 건 그 안에 '내 몫이 있다'는 점이다. 내 지분이 있는 이상 내가 만든 이런 귀한 대상을 절대 방치할 수 없다. 따라서 앞으로도 승승장구할 수 있도록 부지런히 서포트하고 쉼 없이 엄지손가락을 놀린다. 이왕이면 나의 노력을 총동원해 모든 각종 투표에서 1등을 하길 바란다. 내 자식에게 좋은 것만 주고 싶은 극성 엄마의 마음과 크게 다르지 않다. 자식이 올바르게 자랄 때 엄마의 극성은 큰 영향을 미치지 않는다. 그러나 자식이 탈선하기 시작하면 엄마의 극성은 극렬한 개입이 된다. 이것을 스타나 브랜드의 팬덤으로 치환해도 마찬가지다. 생산에 내가 관여한 만큼 향후 방향에도 엄청난 개입을 할 수밖에 없다.

　개입은 보통 자신과 직접적인 관계가 없는 일에 끼어든다는 의미의 부정적인 뜻을 내포한 단어이다. 실제로 그게 누구든 나의 사적인 영역에 개입을 하면 무언가 침범받는 듯한 불쾌한 느낌이 들기도 한다. 그러나 소비자 혹은 팬덤화된 소비자의 개입은 다르다. 적극적인 피드백에 기반한 이들의 개입은 향후 기획 방향에 참고할 만한 데이터베이스 그 자체이기 때문이다. 따라서 기획자라면 개입을 통제하기보다 더 확장, 발전시킬 수 있는 방안을 찾는 것이 급선무이다. 최근 홍보의 최전방에 있다고 보아도 과언이 아닌 팝업 스토어는 실제 가게도 아닌 짧은 기간 동안만 운영되는 홍보용 임시 소매점이다. 기간도 공간도 한정된 불완전한 공간이라고 할 수 있다. 팝업 스토어라는 명칭 또한 인터넷 웹사이트에서 잠깐 떴다 사라지는 '팝업 창'에서 따온 명칭이라고 한다. 그만큼 팝업 창처럼 잠깐 있다 사라지는 가게에 왜 기업들은 고비용을 투자하는 것일까. 단기간이 지나면 또 철거해야 하는 시간적, 경제적 부담을 굳이 감수하면서까지 말이다.

MZ 세대가 열광하는 팝업 스토어는 쉽게 말해 예쁜 사진을 찍어 업로드하기 최적의 공간이다. 특히 명품 브랜드 팝업 스토어의 인테리어는 더욱 그렇다. 선망하던 명품 브랜드를 가까이서 만져보고 느껴볼 수 있는 공간인 것이다. 심지어 인증 사진까지 남길 수 있고 말이다. 사실 사회 초년생이 백화점의 명품관에 자신 있게 들어가는 게 쉬운 일이 아니다. 그만큼 명품 브랜드는 극소수 부유층을 제외한 누구에게나 현실적 진입장벽 자체가 높다. 그러나 내가 매일 다니는 유동 인구 높은 지역에 떡하니 명품 팝업 스토어가 있다고 생각해 보자. 백화점 명품관보단 덜 긴장한 채로 쉽게 들어갈 수 있다. 심지어 들어가서 멀뚱멀뚱 보는 데서 그치지 않을 수 있게 각종 체험할 거리들로 꽉 차 있다. 가장 히트했던 명품 팝업 스토어 중 하나가 명품 브랜드 디올의 '디올 성수'였다. 트렌드에 민감한 사람이라면 이곳에 가서 인증샷을 무조건 찍어서 인스타에 올려야 했을 정도로 흥행에 성공한 팝업 스토어다. 디올 성수는 번화가인 성수동에 있었지만, 외관 디자인을 할 때 파리 몽테뉴가 30번 지에 있는 디올 매장을 그대로 재현해 방문객으로 하여 금 실제로 그곳에 와있는 듯한 착각을 주었다. 디올 성 수는 여기에서 그치지 않았다. 명품에 대해 어색하고 낯 설 젊은층을 위해 도슨트 서비스까지 제공해 디올의 역 사와 정체성에 대해 자연스럽게 접근할 수 있도록 안내 하고 친절하게 유도했다. 이 역시 명품 디올의 진입장벽 을 낮춰 폭넓게 고객을 직접 유입시키려는 고도의 전략 이었던 것이다. 이에 고객들은 디올의 팬덤이 되어 열광 했다. 이처럼 뜨거운 반응에 보통 단기간에 종료되는 팝 업 스토어와 다르게 디올 성수의 유지 기간이 이례적으 로 연장되기까지 했다.

디올의 사례에서 볼 수 있듯이 이제는 명품이라고 해 서 저 높은 곳의 별로 홀로 떠 있어선 안 된다. 예전엔 높 은 별이 그 자체로 신비로운 선망의 대상이 되었지만, 지 금은 보이지 않고 내 손에 닿지 않으면 그저 도태되고 외 면되는 무가치한 돌덩이일 뿐이다. 브랜드나 연예인에게 도 동일하게 통용되는 얘기다. 가끔 찾아오는 내한 스타 가 아닌 실시간 라이브 방송을 켜서 먹고사는 소소한 얘 기를 들려주는 스타를 대중들이 사랑하는 것처럼 말이다. 기획자 역시 손에 잡히지 않는 환상적인 이미지 수립에 골몰하기보다, 소비자와 팬의 오감을 자극하는 진정성 있는 아이템과 이벤트를 제시해야 한다. 마케팅의 대가인 필립 코틀러(Philip Kotler)가 소비를 정의하길, "인지하고, 호감을 느끼고, 묻고, 행동하고, 결국에는 충성한다"라고 했다. 오감으로 경험한 소비자는 충성한다. 쉽게 배반하지 않는 것이다. 기획자들이 새겨야 할 문장이다.

같은 물건이라도 손때 묻은 건 왠지 더 귀하다.
팬심도 마찬가지다.

직접 선택하고 키워낸 것은
비교할 수 없이 귀중하기에
모든 투자가 아깝지 않은 것이다.

성공하는 기획자라면
직접 손때 묻히며 키워낼 기회를
소비자에게 기꺼이 부여할 것이다.

#03

팬들은 유형의
상품을 원하지 않는다

#돈으로 살 수 없는, 유일한 것

어떤 사은품을 주면 홍보가 잘 될까. 전단지를 돌려볼까, 무료 쿠폰을 뿌려볼까. 기획을 하든 사업을 시작하든 가장 먼저 하게 되는 고민이다. '어떤 걸 줘야' 고객의 마음이 동할지가 늘 기획자에겐 물음표이기 때문이다. 하지만 '줄 것'부터 고민하는 것 그 자체가 문제의 시작일지도 모른다.

예쁜 쓰레기를 돈 주고 사고 싶은 마음

"이거 돈 주고도 못 사는 거예요~." 흔히 재고를 털어내려는 장사꾼이나 생색을 내려는 사람이 떠는 허풍이자 너스레다. 돈 주고도 못 사는 물건은 세상에 거의 없기 때문이다. 그리고 대부분의 소비자는 시장의 가격에 따라 책정된 상품을 구매하며 소비 욕구를 충족한다. 이런 보통의 소비자들을 유혹하기 위한 사은품 증정 행사나 1+1 상품 구성 등은 365일 상시로 진행된다.

하지만 팬덤은 보통 소비자와는 다르다. 2017년 7월 역사 깊은 장수 국내 치킨 브랜드인 '처갓집양념치킨'은 신제품 홍보를 위한 이벤트를 기획했다. 새로 나온 신제품 치킨을 주문하는 고객들에게 닭 모양의 봉제 인형을 사은품으로 주기로 한 것이다. 처갓집양념치킨 본사는 흥행을 예상하고 이에 대비해 닭 모양 봉제 인형 3만 개를 제작했다고 한다. 그러나 결과는 대참패였다. 치킨을 주문하는 사람의 주된 욕구는 갓 튀긴 맛있는 치킨으로 허기를 채우는 것이다. 그런 입장에서 닭 모양의 솜인형은 아무런 감흥이나 소비자의 니즈를 불러일으키지 못했다. 심지어 디자인도 트렌드와는 전혀 거리가 먼 시뻘건 닭 벗에 조금은 허술하고 우스꽝스러운 모양새였다. 심지어 이름도 처갓집의 첫 글자와 어떤 일을 좋아하는 남자 또는 그것이 나타내는 속성을 많이 가진 남자라는 뜻을 더하는 접미사인 '-돌이'를 합친, '처돌이'였다. 고객 선물용 인형 이름이 처돌이라니. 디자인만큼 작명도 뭔가 대충한 느낌을 지울 수 없었다. 처갓집양념치킨은 신제품을 내놓으며 야심차게 3만 개의 처돌이 인형을 제작했지만, 처돌이는 전국의 처갓집 매장의 한구석에 산더미 같은 재고로 쌓여갔다고 한다. 심지어 치킨을 시켰는데 이런 쓰레기를 왜 주냐는 고객의 항의도 빗발쳤다고 한다.

그렇게 재고 처리에 근심을 앓고 있던 때에 어느 블로그의 올라온 게시물 한 건으로 처돌이의 운명은 하루아침

처돌이의 시초가 된 블로그

출처 : 최만두의 네이버 블로그

에 달라졌다. 실제로 처갓집의 신제품 치킨을 먹고 사은품으로 처돌이 인형을 받은 블로거의 리뷰 글이었다. 별다른 것 없는 이 리뷰 글의 한 문장이 처돌이와 처갓집양념치킨의 운명을 바꿨다. 그 한 줄의 문장은 다음과 같다.

"처갓집양념치킨의 맛은 처돌았지만 처돌이는 처돌지 않았다고 해요."

이 블로그의 운영자는 당시 JBJ라는 그룹의 팬으로, JBJ 멤버들이 라이브 방송에서 먹었던 처갓집양념치킨의 신제품을 팬심으로 따라서 먹고 쓴 리뷰였던 것이다. 보통 팬들은 스타의 패션 아이템이나 스타가 먹은 음식을 따라서 먹어 보기도 하는데, 이것을 '손민수한다'라고 한다(손민수는 다른 사람의 취향을 모방하는 사람을 비유적으로 이르는 말로 웹툰 〈치즈인더트랩〉의 등장인물의 이름인 손민수에서 유래했다). 어쨌든 처갓집양념치킨 브랜드의 팬이 아닌 다른 가수의 팬이 쓴 '치킨 맛은 처돌았지만 처돌이는 처돌지 않았다'는 위트 있는 한 문장으로 처돌이는 엄청난 바이럴에 성공했다. 이후 사람들은 정작 신제품 치킨보다는 이 요상한 모양의 처돌이 인형에 열광했다. 처갓집양념치킨 지점은 물론이고 본사에 처돌이 인형을 재출시해 달라는 요구가 빗발치기 시작했다고 한다. 이 열풍은 밈이 되어 '처돌이' 혹은 '처돌았다'는 신조어까지 탄생하게 된다. 어감에서 알 수 있듯 '처돌이'는 처돌아버릴 정도로 무언가를 좋아하는 사람을 뜻하는 신조어가 되어 지금까지도 널리 사용되고 있다.

치킨을 주문하는 배고픈 소비자에게 본래의 니즈에 맞게 콜라나 치킨 1+1 쿠폰을 증정했다면 처갓집과 처돌이의 세상은 달라지지 않았을 것이다. 오히려 당시 통념으로는 돈 주고도 사지 않을 솜인형이었지만 여기에 스토리를 담으니 처돌이는 더 이상 재고 무덤 속 솜뭉치가 아니었다. 오히려 금액화할 수 있는 유형의 상품보다 전국의 고객들은 열광하며 처돌이 팬을 자처했다. 실제로 중고 장터에서 처돌이 인형은 수십만 원을 호가하며 거래되었고, 처갓집양념치킨은 팬들의 성화를 이기지 못하고 재출시를 결심하게 되었다. 그리고 이런 열풍을 시작할 수 있도록 만든 블로그 운영자를 처갓집 회장이 나서서 직접 그 노고를 치하하기에 이르렀다.

'처돌이 사태'에서 볼 수 있듯 유형의 상품을 퍼준다고 팬이 되는 것이 아니다. 그런 논리라면 마트에서 1+1 상품을 구매했거나 증정품을 받는 사람은 그 브랜드의 열성팬이 되어야 한다. 그러나 대부분 내가 그날 장바구니에 담은 물품이 어떤 브랜드인지조차 기억이 나지 않을 것이다. 수많은 브랜드의 관습적인 판매 전략 중의 하나이며 나 또한 그런 수많은 소비자 중 하나이기 때문이다. 쉽게 말해 특색이 없는 접근과 서비스이기 때문에 소비자에게도 인상 깊은 기억으로 남지 않는 것이다.

과거에는 엔터테인먼트가 팬을 대할 때도 마찬가지였다. 과거의 아이돌 팬들이 구할 수 있는 사진은 기획사에서 발행한 초상권 사진에 한정되었다. 그래서 팬은 여

럿이지만 가지고 있는 스타의 사진은 거의 다 같았다. 전국의 문구점에서 동일하게 인화된 가수의 사진을 팔았기 때문이다.

그러나 지금의 팬들이 소유하고 있는 사진은 기획사에서 촬영하지 않은 사진이 더 많다. 심지어 퀄리티는 비교할 수 없을 정도로 더 높다. 소위 홈마('홈마'는 영어 '홈페이지 마스터homepage master'의 줄임말로, 카메라를 들고 아이돌의 일정을 따라다니면서 사진과 동영상을 찍는 사람들을 말한다)들이 순간 포착한 고퀄리티의 사진들이 실시간으로 SNS에 올라오기 때문이다.

소비를 넘어서 생산을 하는 창의적인 팬들에게 정형화된 유형의 상품은 큰 임팩트를 주지 못한다. 보통 방송국이나 기업에서 팬들의 참여를 이끌어 내기 위해 준비하는 선물 중 하나는 해당 가수의 앨범이다. 준비도 쉽고, 대체로 팬들이 무난하게 좋아하는 아이템이라는 판단 때문이다. 〈팬심 자랑 대회-주접이 풍년〉이라는 프로그램을 런칭했을 때도 가수들의 사인 시디도 홍보용 선물로 준비했었다. 그러나 앨범보다 팬들의 반응이 더욱 뜨거웠던 건 녹화 세트에서 자유롭게 사진을 찍게 해준 것이었다. 보통 대부분 프로그램의 방송 녹화 때는 질서 유지나 방송 내용 유출 방지 등을 이유로 방청객의 사진 촬영을 금지한다. 그러나 나는 팬 프로그램을 런칭하는 PD이기에 앞서 팬을 자처하는 사람으로서 팬들에게 잊지 못할 경험을 선물해 주고 싶었다. 그래서 이례적으로 사진 촬영은 물론 본방송 전에 SNS 어디든 업로드하는 것을 허용했다. 스포일러 금지는커녕 스포일러마저 자유롭게 하라는 주문이었다. 비용이 들어가는 일이 아니었지만, 이례적인 촬영 허용에 팬들은 환호했다. 실제로 녹화 이후에 각종 SNS에 방청 후기 등이 올라왔다. 이를 또 다른 팬이 퍼 나르면서 부수적인 바이럴 마케팅은 물론 홍보에까지 긍정적인 영향을 미친 것도 사실이다.

큰 비결은 없었다. 팬들에게 손에 잡히는 무언가를 쥐어주기보다 지금이 아니면 다시 돌아오지 않은 순간을 기록하고 공유하게 해주었을 뿐이다. 이처럼 기획자들은 유형의 상품 개발보다 금액으로 치환 불가능하되 대체 또한 불가능한 경험을 주려는 고민을 해야 할 것이다.

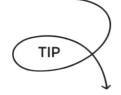

덕후가 살 수밖에 없는 굿즈 기획법

☐ 커스텀이 가능해야 한다

응원봉, 포토 카드 케이스 등 팬들은 정해진 규격의 굿즈가 아닌 자신의 개성을 담은 커스텀 아이템으로 팬심을 표현하고자 한다. 각종 팬 브이로그에 응원봉 커스텀법, 포토 카드 데코법 등이 수십만 뷰를 상회하는 것만 봐도 이것이 팬 자신의 정체성을 표현하는 방법이자 주체적으로 즐기는 팬 문화 중 하나로 자리 잡았음을 알 수 있다.

☐ 실용적이어야 한다

'시리얼 볼'이 아이돌 굿즈로 화제를 모은 적이 있다. 잘 먹고 신나게 잘 놀기로 유명한 아이돌 그룹 '몬스타엑스'의 굿즈였는데, 사실 그릇 자체가 아이돌과는 전혀 무관한 실용템이지만 엄청난 크기로 평소에 맛있게 잘 먹는 몬스타엑스 멤버들의 매력은 물론 실용성까지 담았다고 해서 화제가 되었다. 실제로 관람용으로 고이 모셔 둘 정도로 디자인만 챙긴 굿즈보다는 실생활에서 즐기며 사용할 수 있는 실용템들이 각광받고 있다.

☐ 의미가 들어가야 한다(ex. 국립중앙박물관 굿즈)

국립박물관의 굿즈 일명 '뮷즈'에 대한 관심이 꺼지지 않고 있다. 매출이 250억 원을 돌파한 것은 물론 싸지 않은 가격에도 금동대향로는 초도 물량이 매진되었다고 한다. 다소 학구적이고 고루할 것 같은 박물관의 굿즈였지만 전통을 계승한다는 의미를 담아 디자인까지 신경을 썼더니 오히려 중장년보다 2~30대 젊은 층은 물론 외국인까지 마니아층으로 흡수했다고 한다. 결국 제대로 된 의미를 담자 비싼 가격은 전혀 흥행의 걸림돌이 되지 않았다. 오히려 '그 가격을 주고 살 만한 가치가 있는' 유의미한 굿즈가 된 것이다.

☐ 일코(일반인 코스프레)가 가능할 것

흔히 팬임을 숨기는 행위를 '일코' 즉, 일반인 코스프레라고 하는데 팬 중에는 내향적인 성향을 가진 소위 말하는 '샤이(Shy) 덕후'도 꽤 있다. 이들도 물론 굿즈에 대한 욕구는 있지만 노골적으로 팬임이 티 나지 않는 굿즈를 선호한다. 이런 적지 않은 샤이 덕후층을 위해 소속감을 느낄 수 있되 은은하게 티 나는(?) 소소한 굿즈를 개발하는 것도 세심한 굿즈 마케팅으로 인정받을 수 있을 것이다.

☐ 커뮤니티를 대표하는 시그니처 포인트가 포함되어 있는가

사실 굿즈가 가장 빛을 발하는 때는 해당 아티스트나 브랜드가 모이는 콘서트나 기념일 이벤트가 있을 때일 것이다. 팬들이 모두 모이는 축제의 날 서로의 열정을 식별하고 소속감을 느낄 수 있는 것이 굿즈의 가장 큰 순기능일 테니 말이다. 이를 위해 색을 통일하거나 로고 디자인 등에 시그니처 포인트를 넣어서 커뮤니티의 일원으로서의 자부심을 극대화할 수 있는 장치를 만들어 둔다면 해당 이벤트가 더욱 빛날 수 있음은 물론, 굿즈의 가치 역시 급상승할 것이다.

#04

팬과의
접촉을 늘리는 전략

#팬 커뮤니티는 데이터의 보고

매니저의 팬 폭행. 불미스럽게도 끊이지 않고 수면 위로 올라왔던 논란이다. 팬들은 우리를 불가촉천민 대하듯 하지 말라고 반발했지만, 논란은 꽤 오래 지속됐다. 매니저가 팬을 폭행하기에 이르게 된 명확한 이유를 한 줄로 설명하자면 스타에게서 팬을 분리하기 위해서다. 공항이나 공연장에서 스타를 향해 접근하는 팬들을 어떻게 해서든 막겠다는 것이다. 물론 폭행이 자행되어선 절대 안 되지만 질서 유지나 아티스트 보호를 위해서 팬을 분리해야만 하는 그들의 사정도 이해는 된다. 그러나 과거에는 물리적인 분리뿐만 아니라 정서적으로도 스타와 팬은 분리되어 있었다. 기획사나 방송국 그 어떤 주체도 팬들에게 정보를 주려고 하지 않았고, 팬들로부터 무언가를 얻으려고도 하지 않았다. 그저 팬들은 스타를 성가시게 하는 존재였을 뿐이다. 표면적으로는 스타를 가운데 두고 기획사와 팬덤은 연결되어 있지만, 안을 들여다보면 그들은 절대 섞일 수 없는 물과 기름 같은 배타적인 존재였다. 팬들 또한 애초에 구체적인 정보를 받아 본 적이 없기에 이성적으로 어떤 것을 요구해야 하는 줄도 잘 몰랐다. 그래서 그저 스타를 가까이서 보고 싶은 본능에 충실할 수밖에 없었을지도 모른다. 서로의 소통이 부족한 상황 속에서도 팬덤은 자생적으로 몸집을 키웠고 전 세계로 활동 영역을 넓혀갔다.

이제는 팬과 친해지고 싶은 기획사

언젠가부터 과거에 팬들을 물리적, 정서적으로 밀어내려던 기획사의 태도가 돌변하기 시작했다. 영원히 친구가 될 수 없을 것 같았던 둘의 관계가 180도 바뀐 것이다. 과거에 팬을 제거해야 할 적처럼 대했던 기획사에서 팬과의 접촉을 적극적으로 늘리고 있다. 심지어 팬 활동 지원은 물론, 팬 활동을 위한 매개체를 직접 만들기 시작한 것이다. 이제는 누군가의 팬으로 정보를 얻고 소통하기 위해서는 기획사가 만든 유료 팬 플랫폼에 필수적으로 가입해야 한다. 대표적인 것이 위버스(Weverse)라는 팬 플랫폼이다. 방탄소년단을 필두로 국내 톱 아이돌 그룹 대부분이 이곳에 등록되어 있다. 위버스는 2023년 기준 45개 국가에서 6,500만 가입자를 돌파했으며, 월간 이용자는 무려 1,050만 이상이다. 이곳에 가입하면 아티스트의 공식 스케줄 공유는 물론 아티스트가 남긴 스토리 피드에 댓글 등으로 소통할 수 있다. 과거에는 연예인의 스케줄을 알려면 152-XXXX라는 번호의 음성 사서함에 직접 전화를 걸어 음성 내용을 청취해야 했다. 1세대 인기 아이돌이라면 전부 네 자리의 고유번호를 갖고 있을 정도로 과거 팬 활동에서 정보를 얻는 유일무이한 장치였다. 실제로 서태지와 아이들이나 젝스키스 등의 인기 그룹은 해체를 이 사서함의 음성 메시지를 통해 알리기도 했다. 유일한 정보 수신 창구이지만 기획사에서도 의무적으로 제공할 뿐 전국 몇 명의 팬들이 이 사서함을 듣는지 어떤 불편함이 있는지 양방향의 정보 수집이 전혀 되지 않는 발전 없는 일방적 매체였다.

그러나 지금의 온라인 플랫폼은 다르다. 전 세계의 팬들이 이 플랫폼에 가입하는 순간부터 접속해 활동하는 내내 그들의 발자취가 곧 산업에 적용 가능한 데이터베이스가 된다. 과거 플랫폼인 사서함에는 스케줄 공지나 음성 녹음의 기능만 있었다면 현재 온라인 플랫폼의 기능은 비교할 수 없을 정도로 다채롭다. 팬과 아티스트의 소통은 물론 실시간으로 사진과 영상도 공유된다. 스타의 콘서트 예매 시 우선권을 주고 응원봉 등의 한정판 굿즈 등을 판매하기도 한다. 그중 팬들이 열광하는 기능 중 하나는 라이브 방송이다. 방탄소년단은 데뷔 초창

기부터 네이버가 운영하던 브이 라이브(V LIVE)에서 주로 활동했다. 그러나 하이브가 라이브 방송 기능이 탑재된 자사 플랫폼인 위버스를 개발하면서 네이버 브이 라이브를 통할 필요가 없었기에 네이버의 서비스에서 이탈하게 되었다. 거대 팬덤을 가진 방탄소년단의 이탈로 엄청난 트래픽을 잃은 네이버는 본인들이 만든 브이 라이브를 위버스에 양도하기에 이르렀다. 네이버가 자체 개발한 플랫폼을 타사에 포기하듯 양도한 경우는 처음이었다. 그만큼 팬들이 만드는 트래픽의 가치가 절대적이었던 것이다. 이처럼 팬들이 열광하는 라이브 방송 기능이 위버스상에서 오히려 강화되면서 팬들은 네이버를 떠나 이곳에 몰리기 시작했다. 이렇게 독점적인 콘텐츠는 물론 댓글을 통한 실시간 소통에 팬들은 기꺼이 돈을 지불한다. 실제로 비용이 들어갔기에 소통을 자주 하는 아티스트를 두고 팬들은 '가성비가 좋다'고 흡족해하기도 한다. 혹자는 이처럼 스타와의 소통을 위해 비용을 지불하는 것을 두고 '커뮤니케이션을 소비하는 팬덤'이라는 우려 섞인 평가를 하기도 한다. 그러나 확실한 건, 소통할 수 있는 매체가 다양화된 지금 팬들은 아티스트의 적극적인 소통을 바라고 기대한다는 것이다.

기획사의 태도가 돌변한 이유

　스타의 근처에도 오지 못하게 하고 소소한 정보조차 줄 생각도 하지 않던 기획사의 태도는 왜 하루아침에 돌변했을까. 갑자기 팬들이 무서워지기라도 한 걸까. 사실 팬들은 소외됐던 과거의 팬들이 더 거칠었다면 거칠었을 텐데 말이다. 급작스럽게 이들이 팬들을 가까이 두려는 이유는 팬덤의 엄청난 영향력과 가치를 깨달았기 때문이다. 과거의 팬들은 각 지역에서 자체적으로 모이고 흩어졌다. 그들을 집계할 만한 통계도 수단도 없었다. 오프라인 기반의 비정기적 활동이 대다수였기 때문이다. 그러나 지금은 온라인상의 활동이 급진적으로 커졌기 때문에 전 세계의 팬들도 물리적 장벽 없이 케이팝 아이돌과 실시간으로 소통할 수 있다. 팬덤이 장기간 지속될 수 있는 이유다. 실제로 온라인 플랫폼인 위버스 접속자의 90%가 해외 팬이라고 한다. 이러한 열성적인 팬들의 유료 가입으로 인한 수익도 크겠지만, 사실 더 큰 잠재적 수익은 이들이 만들어 내는 데이터베이스다. 이를 활용해 미래의 자원에 대한 기획 및 계획 수립도 가능하다. 기획사가 만든 통제 가능한 팬덤 전용 공간에서 누리고 활약하는 팬들이 있기에 가능한 일이다. 이에 아티스트는 이런 팬들을 위해 이곳에서만 독점적으로 볼 수 있는 영상과 사진을 올려주고 팬들의 의견에 댓글도 달아준다. 이곳에 소속되어 있지 않으면 정보는 기본이고 아티스트의 소통마저 공유받을 수 없기 때문에 비용이 들더라도 팬이라면 이 플랫폼에 가입할 수밖에 없는 것이다. 기획사는 이런 팬들의 소통을 지켜보며 통제하고 데이터를 얻어 그에 맞는 수익형 모델 및 계획을 수립한다. 과거와 달리 해외 팬이 급속도로 늘어난 지금 그들을 소집하여 정보를 공유하는 커뮤니티가 꼭 필요한 상황인 것도 팬 플랫폼의 폭발적 활성화를 가져오게 된 주요 요인이다. 팬데믹으로 공연 업계가 사실상 도산 위기에 몰렸을 때도 온라인 팬 플랫폼은 엄청난 저력을 보여주었다. 대규모의 팬들이 한 공간에 모일 수 없다고 모두가 자조적으로 판단하고 있을 때, 공연을 전 세계에 온라인 생중계한 것이다. 방탄소년단의 온라인 콘서트인 '방방콘'은 75만 명의 해외 팬이 동시 접속해 시청료로만 250억 이상의 수익을 올렸다. 엄청난 수익보다 더 유의미한 것은 코로나바이러스의 잠식으로 대규모 공연이 불가능한 상황에서 발상의 전환으로 새롭게 했던 시도가 통했다는 점이다. 방방콘 1회로 5만 명 규모의 스타디움 객석의 15배 이상에 달하는 관중을 모았다고 하니 정말 엄청난 성과다. 비회원의 자격으로 이 공연을 경험한 팬 중 1만 명 이상은 바로 유료 팬클럽에 가입했다고 한다. 아티스트와 호흡하며 직접 느껴본 혜택과 희열감은 그 어떤 강력한 홍보보다 강한 것이다.

헨젤과 그레텔은 부모의 손에 이끌려 깊은 숲속에 유기될 뻔했다. 그러나 헨젤은 기지를 발휘해 부모 손에 이끌려 가면서 조약돌을 곳곳에 떨어뜨려 위치를 표시해 그 길을 따라서 집에 무사히 돌아갔다. 평상시엔 아무 의미도 없는 하찮은 조약돌이 헨젤의 목숨을 살린 이정표가 되어준 것이다. 팬들이 남기는 데이터도 마찬가지다. 과거엔 수집하려는 시도조차 하지 않았던 쓸모없는 것이었을지도 모르지만 지금은 상황이 다르다. 헨젤의 목숨을 살린 조약돌보다 더 큰 잠재 가치를 지닌다. 따라서 헨젤의 목숨을 구한 조약돌처럼 팬들의 활동 발자취를 데이터로 남겨 향후 기획 방향을 세운다면 성공 확률이 높을 수밖에 없다.

팬이면 무조건 좋아할 줄 알았나요

오늘날의 팬들이 과거와 가장 다른 점은 호불호와 감정 표현이 분명하다는 점이다. 일단 예전에 비해 다양한 매체에서 스타를 소비할 수 있기에 전처럼 맹목적이고 수동적으로 소비하는 태도 자체가 애초에 성립되지 않는다. 또한 가성비와 본전에 민감한 MZ 세대 팬들은 개인의 시간과 비용을 들인 만큼 그에 상응하는 합당한 환경에서 팬 문화를 누리길 바란다. 그러나 역으로 팬 대상의 기획을 할 때 많이 하는 실수가 있다. 스타를 사랑하는 팬이라면 비판 없이 무조건 좋아할 거라는 착각에서 비롯된 실수다. 이 역시 팬들의 본질에 대한 사전 데이터 분석이 꼼꼼히 이루어지지 않아서 생긴 패착이다. 현재 팬들은 불합리한 상황에 절대 침묵하지 않는다.

실제로 데뷔 15주년을 기념하는 샤이니의 팬 미팅에 샤이니의 오랜 팬들은 공식 보이콧을 선언했다. 사랑하는 아티스트의 데뷔 기념일은 팬에게도 굉장히 의미 있는 날임에도 불구하고 말이다. 팬들이 화가 난 건 팬 미팅 장소 선정 때문이었다. 당초 본 이벤트를 기획한 SM 엔터테인먼트는 킨텍스 제2 전시장을 대관해 팬 미팅을 진행하려고 했다. 그러나 이곳은 당초 전시회 용도로 지어진 장소로 단차가 없어 팬들의 시야 확보가 어렵다는 치명적인 단점이 있는 곳이다. 한 마디로 공연을 보러 가는 팬의 입장에서 제대로 보고 즐길 수 없는 최악의 환경인 것이다. 또한 이 장소의 열악한 음향 문제 또한 팬들은 그냥 넘어가지 않았다. 전시 목적으로 설계된 장소였기에 공연용 음향 지원 자체가 불가능한 곳이었기 때문이다. 그러나 더욱 본질적인 문제는 이 행사를 기획한 SM 측의 대응이었다. 성난 팬들이 각종 커뮤니티에 항의 의사를 밝혔음에도 불구하고, '시야 제한을 이유로 한 환불은 불가하다'는 원칙적인 안내문만 발표했다. 팬들의 디테일한 불만 사항에 대한 데이터 수집이 전혀 되지 않은 무성의한 대응이었다. 이에 더욱 성난 팬덤은 성명문을 발표한 뒤 즉각적인 티켓 불매 운동에 돌입했고, 주최 측은 결국 뒤늦게 팬 미팅 장소를 변경하기에 이르렀다. 샤이니 팬 커뮤니티의 초반 움직임을 빠르게 파악했다면 일어나지 않았을 불미스러운 일이었다.

예전에는 스타를 볼 수 있는 기회 자체가 드물었기에 동네에 약장수만 와도 인산인해를 이뤘다. 지금은 그때와 상황이 다르다. 팬 역시 스타에 관한 모든 것에 비판

없이 관심을 두거나 열광하지 않는다. 오히려 각 공연장이 어떤 특징을 가지고, 어느 정도의 가치를 지니는지 더욱 정확히 파악하고 있다. 보이콧 사태가 일어났던 샤이니의 팬 미팅 티켓 가격 또한 99,000원으로 높게 책정되어 팬들의 비난을 받았었다. 또렷한 시야에서 스타를 보지도, 고품질의 음질로 스타의 목소리를 들을 수도 없는 행사에 높은 티켓값 지급을 하지 않겠다는 명확한 팬들의 거부 의사였다. 티켓의 가격 책정 또한 팬들의 의견과 데이터를 사전에 분석해 진행했다면 좀 더 원활한 15주년 기념행사가 진행될 수 있었을 것이다. 이처럼 팬들의 데이터는 섬세한 그들의 마음을 사전에 헤아려 다치지 않게 하는 핵심적인 배려 장치다.

**팬들이 말하고 먹고 웃고 화내는 모든 것이
성공적인 기획을 위한 유의미한 데이터다.
팬들의 표정과 오감에 집중해야 하는 이유다.**

덕후가 브랜드에게

#05

저비용
고수익의 틀을 깰 것

#팬덤의 최종 목표는 무엇인가

오빠! 저랑 결혼해주세요!!

조용필을 필두로 한 1세대 팬덤을 '오빠 부대'라고 한다. 오빠 부대의 목표나 바람은 무엇이었을까? 그 당시 뉴스나 재연 영상을 보면 소녀 팬이 곧 쓰러질 것만 같은 상기된 얼굴로 외친다.

"꺅, 오빠 사랑해요. 결혼해 주세요!"

다소 과장되어 보이지만 당시 팬덤의 목표는 사실상 여기서 크게 벗어나지 않는다. 실제로 스타와의 결혼이 목표가 될 순 없겠지만, 스타를 가까이서 보고 소비하는 것이 주된 목표였던 것이다. 이를 위해 팬들은 방송국과 행사장을 찾아갔던 것. 오늘날의 팬들은 이러한 과거의 팬들의 모습에 고개를 갸웃거릴지도 모른다. 팬덤의 목표가 아티스트의 성장이 아닌 팬 개인의 만족에 그치는 점에 대해서 말이다. 당시 팬들이 가수의 1위나 성장을 아예 바라지 않았던 건 아니다. 다만 당시에는 팬이 음악방송 순위 결정에 참여할 수 있는 수단이 없었다. 생방송 ARS 전화 투표도 90년대 후반이 되어서야 도입

되었기 때문이다. 또한 그 당시에는 정품 CD보다는 소위 '길보드 차트'라고 불리는 가판대 위의 복제 불법 테이프, CD가 주류를 이루었다. 팬이 아니었기 때문에 불법 테이프나 CD를 구매한 것이 아니다. 당시 사회적 분위기가 정품과 불법에 대한 명확한 상식이나 구분이 없었고 문화적인 소비 여유도 지금보다는 부족했기 때문이다. 따라서 과거의 팬들은 오히려 가수의 음악방송 1위보다는 그저 더 오래 스타를 볼 수 있기를 바랄 수밖에 없었다. 스타를 오랫동안 무탈히 보기 위해서는 스타의 사생활, 특히 이성과의 연애가 대중에게 발각되어서는 안 됐다. 당시 스타의 결혼은 곧 연예계 은퇴를 의미하기도 했다. 따라서 스캔들이 생기면 성난 팬들이 상대 이성에게 협박하거나 폭력적인 행동을 해 처벌받는 경우도 많았다. 아티스트의 성장보다는 스타를 가까이에서 오래 감정적으로 소비하는 방법에 좀 더 골몰했던 시기다.

이것은 팬덤인가, 대기업인가

"김 대표, 중국 사업부에 연락해서 지원 요청해."

"박 지부장은 전 지점에 SNS 계정 협조 구해서 출시 전에 바이럴에 집중하도록 해."

이 대화는 외국에 지사를 두고 있는 대기업 사원들의 대화가 아니다. 믿기 어렵겠지만 컴백을 앞둔 아이돌 팬들 간의 대화다. 대기업에 해외 법인이 있는 것처럼 전 세계 팬들을 중심으로 구성된 팬덤 역시 전 세계에 지사가 있다. 그렇게 퍼져있는 이들이 똘똘 뭉쳐야 하는 날이 있다. 아이돌의 컴백, 즉 앨범 발매 날이다. 앨범 발매를 앞둔 팬덤의 지휘부에는 특별 비상이 걸린다. 몇 달 전부터 효과적인 홍보를 위한 각종 아이디어를 수집한다. 소위 이러한 팬들의 활동을 총공('총공격'의 줄임말로, 좋아하는 그룹을 응원하려고 팬들이 '총력전'을 벌인다는 뜻)이라고 한다. 팬들의 총공은 좋아서 어쩔 줄 모르는 것에서 그치는 게 아닌 명확한 목표를 지닌 전략적인 행동을 의미한다. 실제로 이들은 음반 판매량 1등 혹은 음원 차트 1위를 위해 음반 구매는 물론 음원 24시간 스트리밍 계획과 효율적인 투표 방법 등도 치밀하게 연구해서 공유한다. 종종 대중적인 인지도가 없는 그룹이 엄청난 음반 판매량을 기록해 화제를 모으는 것도 이러한 팬들의 총공 덕분이다.

구체적 분야로는 아티스트의 앨범 소비를 장려하는 음원 총공팀, 투표팀, SNS팀이 있으며, 전 세계적 홍보를 위한 번역팀, 마케팅팀, 디자인팀까지 팬덤 내에 자체적으로 존재한다. 이들의 체계적인 총공에 따라 전 세계 팬들도 질서 있게 따르며 시너지를 낸다.

대기업의 최우선 목표는 저비용 고수익이다. 높은 수치로 증명되는 수익을 위해 달려가는 것이다. 팬덤 역시 높은 수익과 순위에 매진하기는 마찬가지다. 하지만 대기업과 다른 점은 목표의 방향이 아티스트의 성장을 향해 있다는 점이다. 목적지의 방향 자체가 사적 이익의 영역이 아니라는 점이 가장 다르다. 팬덤의 열띤 총공의 목표도 곧 아티스트의 건강하고 행복한 활동이다. 스타의 무탈한 활동을 위해 팬들은 기꺼이 시간과 비용을 투자하는 것이다. 그것이 곧 팬덤의 행복이자 최종 목표이기 때문이다.

방탄 숲, 임영웅 숲. 한강을 걷다 보면 어렵지 않게 만나게 되는 표지판이다. 모르는 사람들은 한강에 임영웅이라도 다녀갔나 하고 의문을 가질 수 있지만, 이 숲을 만든 주체는 팬들이다. 팬들은 스타의 생일 혹은 데뷔일 등 기념할 만한 날에 고가의 선물 대신 아티스트의 이름을 딴 숲 조성을 한다. 2000년 초반부터 시작해 지금까지 꾸준히 이어지는 팬들의 활동이다. 무대에서 퍼포먼스 하는 가수 혹은 스크린 속의 배우와 전혀 무관해 보이는 숲에 왜 팬들은 집착하는 것일까? 팬 중에 환경 운동가라도 있는 것일까. 실제로 이런 케이팝 팬덤의 노력으로 전 세계의 탄소 배출량이 상당수 감소했다고 한다. 사실 케이팝 팬덤으로 인해 탄소 배출량이 감소했다는 뉴스가 전 세계에 송출된 순간, 나무를 심었던 팬들의 목표는 이미 달성되었다고 할 수 있다. 나무를 심으면서 팬들이 바라는 건 단 한 가지다. 내가 사랑하는 아티스트의 가치와 선한 영향력이 널리 알려지는 것. 실제로 방탄소년단의 팬클럽 아미는 멤버 정국의 생일을 맞아 매년 거리 청소에 나선다. 프랑스·덴마크·모로코 등 세계 각국의 방탄소년단의 팬들은 쓰레기를 줍고 'CleanUpForJK'라는 해시태그와 함께 트위터 등의 SNS에 인증 사진을 올린다. 해시태그에서 알 수 있듯 '정국을 위한' 정국 팬의 생일 축하 의식이자 선한 활동인 것이다. 쓰레기를 주우며 아티스트 정국의 가치가 널리 알려지길 바라는 팬심이기도 하다. 방탄소년단의 또 다른 멤버 진의 중국 팬들은 어린이를 위한 '김석진 공공복지 도서관'을 건립하기도 했다. 이 도서관을 이용하는 수만 명의 이용자는 단 한 번이라도 방탄소년단의 진에 대한 생각을 하게 될 것이다. 이 도서관을 건립한 팬들에게 단 1원의 수익도 발생하지 않지만, 팬들은 본인들로 인해 아티스트가 긍정적인 영향을 미치는 존재로 성장했다는 점에 만족감을 느낀다. 이러한 팬들의 움직임을 민감하게 파악해 대응한 엔터테인먼트도 있다. 실제로 YG엔터테인먼트는 자회사 포레스트팩토리를 설립해 친환경 소재의 앨범을 발매했다. 나날이 두꺼워지고 화려해지는 앨범과 그것의 폐기 및 재활용에 대한 자성의 목소리가 팬들 사이에서 있었기 때문이다. 소장용 앨범 한 개를 제외하고는 팬들마저 수십 장을 폐기하는 경우가 많기에 환경 오염 유발에 대한 우려의 목소리를 스스로 내기 시작한 것이다. 이에 하이브는 방탄소년단 제이홉의 솔로 앨범을 시작으로 쓰레기가 발생하는 CD 대신 QR 코드를 인식해 앱으로 음악을 감상하는 방식의 플랫폼 앨범을 출시하기도 했다. 팬들의 민감한 고민을 바로 파악해 시장에 적용한 것이다. 이러한 민감한 대응은 팬들의 팬심을 더 연장하는 데 큰 도움을 준다.

아티스트의 팬덤만 가치 성장을 원하는 것은 아니다. 전 세계의 두터운 팬을 보유한 브랜드 스타벅스도 국내 최초로 종이 빨대를 도입했다. 플라스틱 빨대로 환경 오염은 물론 고통받는 동물들의 모습들이 미디어에 보도되면서 우려의 목소리가 있었기 때문이다. 이 같은 소비자의 걱정스러운 눈빛을 외면하지 않고 스타벅스는 포장지를 전부 종이로 바꾸는 등 일회용품 절감을 목적으로 한 '그리너(Greener) 스타벅스코리아' 캠페인을 시작했다. 이에 기존의 스타벅스 팬덤은 환호했고, 이때 유입된 신규 팬덤의 수도 상당했다. 이는 소비자나 팬들을 소비를 위한 주체로만 판단하지 않았기에 가능했던 시도들이다. 기획자라면 소비 지향적인 관점에서만 편협하게 그들을 평가해서는 안 된다. 팬덤 활동으로 인해 어떠한 가치를 얻고, 또 알리고 싶어 하는지 민첩하게 소통하고 파악해야 한다. 생각보다 팬들은 훨씬 더 세속적이지 않을지도 모른다.

**당장의 실리를 넘어선 아티스트의
가치 성장을 추구하는 팬덤의 깊은 아량은
이미 기업의 영업 전략을 넘어섰다.**

**이를 따라가기 위해선 수치적인 접근이 아닌
근본적인 팬심의 작동 원리에 주목해야 한다.**

#06

돈쭐과 혼쭐,
그 어렵고도 미묘한

#입소문 마케팅을 주도하는 자들

마케팅 분야에서 성공하기 위해서 이 세상 전체를 바꿀 필요는 전혀 없다고 말한다. 온 세상을 바꾸는 대신 누군가의 세상만 바꿔도 충분히 성공할 수 있다는 의미다. 팬들은 특정 계기로 개인의 세상이 한 번 바뀐 경험을 한 특별한 사람들이다. 스타를 보고 입덕한 뒤 모든 패턴이 팬 활동에 맞춰지거나, 특정 상황에서 브랜드에 매력을 느끼고 그 후로는 그 브랜드의 모든 것을 소비하고 신뢰하기로 결심하는 것이다. 이렇게 세상이 바뀐 경험을 한 팬들은 잠자코 조용히 만족하는 데서 그치지 않는다. 직접 체감한 감동을 품고만 있기에는 그들의 열정이 너무나 뜨겁기 때문이다. 따라서 그들이 느낀 만족과 감동을 주변 사람들에게 설파하는 것으로 모자라 최대한 다수가 볼 수 있도록 SNS에 대대적으로 업로드한다. 애정과 열정을 기반으로 한 자체적 무보수 바이럴 마케팅인 것이다.

여의도동에서 한 팬이 보내주신 사연입니다

과거에도 스타에 입덕하거나 팬이 되면 동네방네 얘기를 하고 다니긴 했다. 누군가를 열성적으로 좋아하게 되면 본능적으로 그 열정을 타인과 공유하고 싶기 때문이다. 그래서 가장 먼저 친한 친구한테 입덕 계기와 스타의 매력에 대해 일장 연설을 한다. 반응은 둘 중 하나다. 최애 영업에 성공해 같이 팬이 되어서 덕메(덕질 메이트의 줄임말로 같이 팬 활동하는 친구를 말한다)가 되거나 싸늘하게 비웃음을 당하게 된다. 당연히 친구에게만 어필하는 것으로는 부족하기에 당시 팬들은 하이틴 독자를 대상으로 한 연예 잡지에 주로 엽서를 보냈다. "우리 오빠 너무 멋있으니까 많이 사랑해 주세요"와 같은 내용의 짧은 글이나 팬클럽 모집 글이 주를 이뤘다. 이걸로도 소통의 허기를 느꼈던 팬들은 그 시절 유일하게 닿을 수 있는 대중 매체인 라디오에 사연을 보내곤 했다. 뽑힐 확률은 아주 희박하지만 이렇게라도 나의 팬심을 세상에 알리고 싶었기 때문이다. 운 좋게 뽑히면 사연이 읽히기도 했다. "여의도동에서 한 팬이 보내주신 사연입니다(이하 생략)." 라디오 방송에서 내 이름이 불리는 그 순간 방구석에서 방방 뛰고 난리가 난다. 드디어 나의 팬심을 세상이 다 알아주는 것만 같다. 그러나 몇 시간 뒤 이유 모를 공허함이 밀려온다. 당시 이 팬이 공허한 이유는 딱 하나다. 피드백이 전혀 없었기 때문이다. 몇 명의 팬이 들었는지, 다른 사람들은 나의 팬심을 어떻게 생각하는지, 추가 의견은 없는지 전혀 보거나 들을 수가 없다. 개인이 영향력을 미치지 못하는 활동은 그 동력을 쉽게 잃어버리게 된다. 일방적인 짝사랑이 오래갈 수 없는 서글픈 이유와도 일맥상통한다. 이처럼 온라인 시장이 활성화되기 이전의 팬덤은 지속 가능한 동력과 체계가 전부 부족했다.

'돈쭐'을 유발하는 댓글 하나

못 살았던 암울한 시대가 떠오르는 것만 같은 촌스러운 빨간색 로고. 심지어 브랜드명도 고전적인 오뚜기다. 그런 오뚜기가 갓뚜기(신을 뜻하는 '갓GOD'과 오뚜기의 '뚜기' 합성어인 '갓뚜기'로 불린다. 그만큼 기업의 사회적 책임을 다하며 모범적인 기업 경영으로 대중에게 호평받은 것이다)가 된 많은 이유 중 하나는 댓글이다. "20년이 지나도 잊지 않고 있습니다"로 시작하는 미담 댓글들이 그것이다. 오뚜기로부터 수술비를 지원받았거나 저소득층 급식을 위한 푸드뱅크 지원에 숨은 도움을 주었던 기업 오뚜기에 대한 감사를 표현하는 댓글들이다. 과거였다면 이 같은 감사는 기업의 담당 부서에만 전해졌겠지만, 지금은 다르다. 이 댓글들은 바로 고정되어 '좋아요'를 수천 개 받으며 각종 커뮤니티에 공유되기 시작했다. 이 과정에서 노숙자와 불우 이웃에게 토스트를 무료로 나눠주던 석봉토스트에 오뚜기가 10년 넘게 무상으로 소스를 제공한 것도 추가 미담으로 밝혀졌다. 이런 오뚜기의 숨겨졌던 수많은 선행이 알려지며 대중, 특히 젊은 층은 열광하며 이 기업은 "오뚜기가 아닌 갓뚜기"라고 찬양하기 시작했다. 그리고 이는 미담 소비에서 그치지 않았다. 오뚜기의 진심에 마음이 동한 소비자들은 이런 선행을 하는 기업은 돈쭐('돈' + '혼쭐낸다'의 합성어. '혼쭐낸다'는 '매우 강하게 혼을 내어 꾸짖음'인데 이에 대한 반어법으로, 어떠한 사람이 사회적으로 옳은 행동을 했을 때 '이 사람은 돈다발로 뺨을 때려야 한다'라는 뜻으로 생긴 신조어) 내줘야 한다며 적극적으로 움직이기 시작했다. 그 결과 오뚜기는 사상 최대 영업 이익을 달성하기에 이르렀다.

착한 기업엔 떡을 주지만 못된 기업엔 따끔한 매를 내리는 것도 과거와 달라진 소비자의 모습이다. 대표적인 것이 남양 불매 운동 사건이다. 각 지역 대리점에 물건을 밀어내기(강매)하는 갑질을 일삼는다는 이유로 전국적으로 남양 유업 불매 운동이 일었다. 불장난처럼 일시적인 현상이라고 예상했지만, 갑질에 대해 성난 소비자의 마음은 10년 넘게 이어졌다. 심지어 이 사건 이후 갑과 을에 대한 격론의 장이 열리고 사회적으로 자성의 목소리가 커지는 계기가 되기도 했다. 이에 남양유업은 로고를 감추고 제품을 출시하는 등의 고초를 겪었다. 하지만 온라인 활동에 익숙한 소비자는 '숨은 남양 로고 찾기 운동'을 벌여 불매 운동의 불씨가 쉽사리 꺼지지 않도록 했다. 여기서 기획자가 주목해야 할 점은 오뚜기의 미담 댓글 역시 삽시간에 전파되었던 것처럼, 기업의 악행 또한 물에 잉크 퍼지듯 전파된다는 점이다. 그리고 이 같은 부정적인 여론은 한 번 퍼지면 어떠한 노력과 비용 투자로도 거두어들이기 어렵다는 점도 기억해야 할 특징이다.

이처럼 팬덤의 자발적 입소문 마케팅을 언드 미디어(Earned Media, SNS 댓글이나 반응, 기사 보도 등, 온라인의 '입'으로 통하며 제삼자가 스스로 정보를 발생시키기 때문에 평가 미디어라고 한다)라고 칭하기도 한다. 자발성을 띠는 만큼 자체 활동력이 왕성한 것도 특징이다. 이를 잘 활용하면 초반에 의도한 것보다 더 넓은 범위의 홍보와 마케팅이 가능해진다. 그러나 오뚜기의 사례에서 볼 수 있듯이 팬들의 마음을 동하게 하기 위해서는 진실에 기반한 사실과 진정성이 뒷받침되어야 한다. 실제로 오뚜기는 팬덤이 생기기 이전부터 상속세 성실 납부, 장기간의 심장병 어린이 수술비용 후원, 높은 정규직 비율 유지 등의 좋은 평판이 생길 만한 일들을 하고 있었다. 이 역시 오뚜기의 팬덤이 생기면서 팬덤화된 소비자가 파헤쳐 밝혀낸 내용이다. 이 같은 진정성에 기반한 사실들은 오뚜기의 팬덤이 한순간의 밈이나 열풍이 아닌 지속적인 신뢰를 보이는 충성 고객으로 자리 잡게 했다. 따라서 팬덤을 활용한 입소문 마케팅에 성공하기 위해서는 각 기업의 진실의 우물을 먼저 한 번 들여다보아야 한다. 이를 거치지 않으면 활동성은 물론 조사 능력까지 탑재한 팬덤에 의해 어차피 추후에 낱낱이 해부될 확률이 굉장히 높기 때문이다.

포토 카드를 위해 탕후루 93개를 먹어야 한다면?

코로나19 이후에 틱톡, 유튜브 등에서 숏폼으로 입소문을 타며 전국적인 유행이 된 아이템 중 하나가 탕후루다. 열 걸음 걸으면 탕후루 가게가 있을 정도로 십 대들에게는 필수 유행템이 되기도 했다. 이에 탕후루 업체 중 한 업체가 아이돌 그룹을 최초로 모델로 내세웠다. 사실 탕후루 업체 자체가 대규모 자본보다는 영세한 업체가 대부분이기에 인기 아이돌에게 고액의 모델료를 지불하고 기용한 것 자체로 시선을 끌었다. 업체는 모델로 톱 아이돌을 기용하는 것에 그치지 않고 탕후루를 먹으면 포토 카드를 주는 파격 이벤트까지 시행했다. 아이돌 포토 카드에 열광하는 십 대 팬들을 정확히 겨냥한 것이다. 업체는 무려 31종의 포토 카드와 팬 사인회 참여 티켓을 사은품으로 내세웠다. 그리고 탕후루 세 개를 먹으면 포토 카드 한 장을 주겠다고 대대적인 홍보를 시작했다. 그런데 이것이 문제였다. 팬들은 추가금을 내고서라도 원하는 포토 카드를 수집하곤 한다. 그 말인즉슨 31종의 모든 포토 카드를 모으려면 최소한 93개의 탕후루를 먹어야 한다는 말이었다. 이 같은 업체의 홍보 전략에 해당 그룹 팬들은 포토 카드 받기 전에 충치가 먼저 생기겠다며 보이콧을 선언했다. 업체의 이 같은 사려 깊지 못한 이벤트로 인해 해당 아티스트의 이미지마저 나빠질 위기에 처하자, 소비자마저 술렁이기 시작했다.

이에 업체 측은 아이돌의 기획사와 사전 논의되지 않은 자체적인 결정이자 이벤트였다고 해명하고 사과문을 게 재했다. 팬들은 업체가 포토 카드를 받기 위해 탕후루를 무리해서라도 사 먹는 팬들의 심리와 니즈를 모르고 진 행해서 벌어진 일이라며 실망감을 감추지 못했다. 업체 측은 어차피 사 먹는 탕후루에 포토 카드와 팬 사인회 응모권을 추가로 얹어주면 좋아할 것이라고 일반적인 소비자 관점에서 단순하게 생각했던 것이다. 그렇지만 팬들에겐 탕후루보다 포토 카드가 우선이기에 포토 카 드를 위해 과도하게 탕후루를 소비해야 하는 입장이었 다. 이러한 사태를 전혀 예상하지 못한 업체의 큰 착오 였다. 팬들은 오히려 업체의 지나친 상술보다 팬 생태계 에 대한 이해도가 없다는 점이 더 실망감을 키웠다고도 했다. 실제로 탕후루의 주 고객층이 십 대이고 이 중 대 다수가 아이돌 팬임을 감안했을 때 다소 안일한 접근이 자 대응이었던 것이 사실이다. 이렇게 나를 몰라주는 기 업에 장기적 팬덤이 생기는 건 사실상 불가능한 일이다.

#07

마음을 읽는
기획의 조건

#코카콜라가 한류 맛
음료를 출시한 이유

코카콜라는 그 누구도 부인할 수 없는 1등 글로벌 기업이다. 한국 상륙 이후로도 늘 국내 음료 업계 1위를 굳건히 지켰던 절대적 강자 브랜드다. 이런 절대 강자 코카콜라가 국내 출시 이후 처음으로 1위를 빼앗겼던 순간이 있다. 바로 당시 최고 인기 아이돌이었던 H.O.T.를 모델이자 메인 디자인으로 한 LG생활건강의 '틱톡 에쵸티'가 출시됐던 순간이다. 코카콜라에 비하면 음료 업계에서는 비주류 중 비주류였던 LG생활건강의 아이돌을 이용한 당돌한 도전이 업계 절대 강자인 코카콜라를 단숨에 제압한 것이다. 1999년 3월에 세상에 나온 틱톡 에쵸티는 출시 5개월 만에 4,500만 캔 판매를 돌파하며 300억 이상의 매출을 올렸다. 객관적으로 코카콜라에 비해서 맛이나 품질이 참신했던 것도 아니다. 심지어 팬들도 "맛은 없지만 오빠들에 대한 팬심으로 마신다"고 평할 정도였다. 그러나 당시 최대 규모 팬덤을 이끌었던 H.O.T.의 캐릭터가 캔마다 그려져 있고 멤버마다 다른 색깔과 맛을 담은 마케팅이 소녀 팬들의 마음을 흔든 것이다. 당시 라이벌 구도였던 젝스키스의 팬덤도 H.O.T. 음료는 있는데 젝스키스 음료수는 없다며 사실상 패배 아닌 팬덤의 패배를 인정하기도 했다. 고작 음료 한 캔이었지만 이 음료는 내가 좋아하는 스타와 나를 연결해 주는 역할을 했던 것이다. 팬들은 음료수를 소비하는 데서 그치지 않고 캔 뚜껑을 모아 가방에 달고 다니는 등의 또 다른 소비 유행을 주도했다. 음료가 단순히 갈증을 해소하는 데서 그치는 게 아닌 하나의 문화가 되는 순간, 이는 소비를 위한 소비가 아닌 의미 소비로 한 단계 업그레이드된다.

아티스트와 교감하고 소유하려는 본능을 가진 팬심을 움직인 또 하나의 아이템은 DNA 목걸이다. 지금 들으면 조금은 그로테스크하게 들릴지도 모르겠다. DNA 목걸이는 명칭 그대로 스타의 머리카락에서 DNA를 추출한 뒤 특정 DNA를 골라낸 후 과학적인 방법을 동원해 DNA 한 가닥으로 수백만 개의 똑같은 복제품을 만들어 내어 캡슐에 주입해 대량 생산한 것이다. 간단히 말하면 내가 좋아하는 멤버의 DNA를 직접 소유할 수 있게 되는 것이다. H.O.T.의 리더 문희준은 한 방송에서 DNA 목걸이를 만들기 위해 열두 개의 머리카락을 뽑고 면봉으로 입안 세포를 채취했다고 밝히기도 했다. 사실 제작 과정만 들으면 썩 유쾌하진 않다. 어쨌든 어린 소녀 팬들은 멤버별로 다른 색으로 디자인된 DNA 목걸이를 애지중지하며 목에 걸고 다녔다. 생산 기업 또한 작은 유리병 속에 담긴 액체에 스타의 DNA가 들어있는 목걸이라고 대대적으로 광고했고 팬들은 열광했다. 이 역시 스타를 가까이하고 소유하고 싶은 팬심을 정확히 읽고 마케팅한 것이다. 이렇게 나의 소비로 스타를 일정 부분 소유하게 되는 순간, 이 또한 에쵸티 음료수가 그랬듯 소비를 위한 소비가 아닌 의미 있는 소비로 바뀐다.

강산이 세 번 변해도 팬들은 의미에 목마르다

가수의 이름을 딴 음료와 머리카락을 뽑아 만든 스타의 DNA 목걸이. 지금 평가하기에는 다소 극단적이고 단순한 구시대적인 아이템처럼 보이기도 한다. 그러나 그때나 지금이나 스타와의 유의미한 연결을 원하는 팬들의 니즈는 결코 달라지지 않았다. 오히려 케이팝의 붐으로 전 세계적으로 팬들이 늘어나면서 멀리 떨어진 스타와 연결되고 싶은 애틋한 마음은 더 커졌다. 이러한 지구상의 팬들의 니즈를 정확히 파악한 코카콜라는 한류 맛 코카콜라를 출시했다. 정확하게는 'K-Wave Limited Edition Flavor'라고 표기된 제품으로, '한류 맛' 혹은 '상큼한 최애맛(fruity fantasy)'이라고 불린다. 공식 제품명에 아이돌 팬들이 자주 쓰는 단어인 '최애(애니메이션 팬덤에서 쓰이는 '최애캐'라는 용어가 한국 아이돌 팬덤계로 넘어와서 '최애'라는 줄임말로 널리 쓰이고 알려지게 되었다)'라는 단어를 차용한 것도 눈길을 끌었다. 신제품 설명회에서 관계자는 실제로 케이팝 팬들이 자주 쓰는 단어를 조사해서 네이밍하게 되었다고 설명하기도 했다. 신제품 이름 외에도 디자인 패키지에서도 또 한 번 이목을 끌었는데, 온통 로마자 표기인 캔 한가운데 '코카콜라'라고 한글로 로고가 표기됐다는 점이다. 이는 138년 역사상 코카콜라의 첫 비영어 표기라고 한다. 한글이 떡하니 중간에 적혀있는 걸 보니 한국의 소비자를 타깃팅한 아이템인가 싶지만 한국은 물론 미국, 일본, 프랑스, 스페인, 싱가포르 등 세계 36개국의 전 세계 팬들을 대상으로 판매 중인 제품이다. 케이팝 팬들은 이 신제품을 마시고 SNS를 통해 리뷰하며 각자의 팬심을 공유하고 널리 확장시킨다. 코카콜라 측은 한류 맛을 출시하게 된 배경에 대해 설명하길 팬들이 스타에게 빠졌을 때의 그 짜릿하고 감동적인 순간을 신제품 맛에 담았다고 설명하기도 했다.

코카콜라는 여기서 그치지 않고 거침없이 스토리텔

코카콜라가 한정으로 출시한 '코카-콜라 제로 한류'

출처 : 코카콜라

링을 이어갔다. 전 세계 케이팝 팬을 거느리는 국내 대표 엔터테인먼트 JYP와 손잡고 신곡 〈Like Magic〉을 제작해 공개한 것이다. 음원 제작에는 JYP 대표 프로듀서 박진영과 JYP 소속 대표 케이팝 아티스트 스트레이 키즈, ITZY(있지), NMIXX(엔믹스) 등이 참여했다. 〈Like Magic〉 뮤직비디오에는 실제 콘서트 현장을 연상케 하는 모습이 담겼고 팬들이 환호하고 교감하는 모습까지 리얼하게 연출됐다. 당시 코카콜라 관계자는 "코카콜라는 사람과 사람이 함께할 때 마법이 일어난다고 믿는다. 그리고 그 믿음을 '리얼 매직'이라는 플랫폼으로 소비자와 함께하고 있다"고 밝혔다. 사람과 사람이 함께할 때 마법이 일어난다는 코카콜라의 설명은 허풍이 아니었다. 실제로 홍보 뮤직비디오에서 그치는 게 아니라 콘서트를 열어 스타와 팬과의 마법 같은 만남까지 이어지도록 할 계획이라고 밝혔기 때문이다. 그저 기업이 만든 판타지이자 광고성 장면 중 하나라고 생각했던 이미지가 정말 현실로 구현되는 것이다. 어찌 보면 어느 기업에나 흔히 있는 신제품 음료 출시지만, 그 안에는 나와 스타가 스타디움에서 소통하며 열정을 주고받는 장면까지 계산된 엄청난 스토리와 서사가 담긴 제품인 것이다.

팬덤을 제외하고 보면 음료 출시 하나에 이렇게 떠들썩하게 대규모 콘서트까지 개최하며 비용을 많이 들일 일인가 싶다. 사실 기업의 매출만 생각하면 저비용으로 생산해 비싸게 많이 팔면 되는 것이니 말이다. 그러나 코카콜라는 대대적으로 패키지 디자인을 바꾸는 것은 물론 138년 만에 비영어권 표기인 한글 로고까지 추가하는 과감한 시도를 선보였다. 현명한 기획자라면, 이 같은 시도를 한 기업이 수많은 시행착오를 통해 전 세계적으로 독보적인 슈퍼기업의 왕좌를 지키고 있는 코카콜라라는 사실에 주목해야 한다. 노련한 경험보다 어설픈 열정이 앞서는 신생 기업의 행보가 아닌 것이다. 편의점에서 무심코 집어 든 음료 한 캔으로 내가 가장 좋아하는 스타의 음악으로 꽉 찬 콘서트장에 가 있는 상상. CG로 만들어 낸 흔하디 흔한 광고 플롯 같기도 한 이것들이 팬들의 눈앞에 현실이 되었다. 이 순간 코카콜라는 팬들에게 음료를 판 것이 아닌 잊지 못할 경험과 흥분을 판 것이다. 그리고 이러한 마케팅은 갈증 해소 그 이상의 의미를 지닌다. 팬심을 움직이는 기획을 시도하는 사람들이 주목해야 할 부분이다. 이처럼 팬들의 환상을 구현해 줄 스토리텔링은 어디에나 얼마든지 있다. 심지어 이미 스타로 인해 세상이 바뀐 경험을 한 감성적인 팬들은 어쩌면 더 쉽게 정서적으로 동화될 수 있는 존재이기도 하다. 이러한 팬들의 정서적 특징을 내밀하게 고려하고 배려한 마음을 읽는 기획이 필요한 이유다.

욕실에서 즐기는 엄마표 수제 생일 케이크, 휩드(WHIPPED)

제목을 보고 뜨악할지도 모르겠다. 하필 욕실에서 케이크를 먹는다니 말이다. 제품명에서도 알 수 있듯이 휩드는 휘핑크림 모양으로 투명 유리에 담겨있는 것으로 유명한 클렌저 브랜드다. 이 브랜드를 만든 대표의 어머니가 어린 시절 매년 생일에 생크림 케이크를 만들어주었는데, 그때의 따뜻한 기억에서 영감을 얻었다고 한다. 보통 클렌저 하면 따로 모양이 없이 튜브나 용기에 담겨있기 마련인데 생크림 케이크처럼 담겨있는 것 자체로 사람들의 감성과 호기심을 자극했다.

이 브랜드의 대표도 평생을 '코덕(코스메틱과 덕후의 합성어로 화장품, 화장법 등에 대해 많이 알고 매우 좋아하는 사람을 일컫는 신조어)'으로 살았다고 한다. 화장품을 사랑하는 코덕이기에 출시되는 모든 브랜드의 클렌저를 구입해서 쓰곤 했다고 한다. 그러나 아무리 브랜드를 바꿔봐도 용기도 향도 성분도 천편일률적으로 똑같은 클렌저에 지겨워 직접 화장품 브랜드를 만들게 되었다고 한다. 퇴근하고 매일 지우는 화장, 매일 하는 세안인데 이왕이면 그 순간에도 재미있고 특별한 요소가 있을 순 없는지 고민하던 그는 그때 본인의 가장 행복했던 기억을 떠올렸고 화장품에 적용시켰다. 그리고 '욕실에서 즐기는 디저트'라는 기발한 문구도 더했다. 이에 큰 홍보 없이도 온, 오프라인의 젊은 여성의 마음을 사로잡아 휩드의 팬으로 만들었다. 실제로 더현대에 입점하자마자 매출 1위를 달성한 뒤 카카오톡 선물하기에도 입점했으며 높은 재구매율을 자랑한다고 한다. 스스로 화장품 덕후임을 밝히며 어린 시절 추억이 담긴 스토리텔링에 대중이 감성적으로 설득된 것이다. 순한 성분의 비건 제품인 것 또한 사려 깊은 브랜드로 인식되는 데 도움을 주었다. 실질적인 제품의 효능은 오히려 중요도 면에서 감성적으로 설득된 그 이후였다. 화장품 덕후인 본인의 권태와 게으름 극복을 위해서라도 재밌는 제품을 만들고 싶었다는 덕후의 진정성. 그 진정성을 또 다른 덕후이자 팬들은 밝은 눈과 귀를 열고 받아들여 준 것이다.

#08

소비자가
팬이 되는 모멘트

#스티브 잡스가 픽사에서 배운 것

천재 창업자 스티브 잡스에게 부족했던 한 가지

애플의 공동 창업자이자 최고 경영자였던 스티브 잡스. 그가 세상을 떠난 지 12년이 훌쩍 넘었지만 그는 여전히 대체 불가한 애플의 상징이며, 애플 또한 전 세계 1등 기업의 왕좌를 유지하고 있다. 트렌드 측면에서도 수익 면에서도 다른 기업에 비해 압도적이지만 애플은 '앱등이', '애플빠'로 불릴 만큼 맹목적인 거대 팬덤을 갖고 있는 기업으로 손꼽히고 있다. 애플의 어떤 점이 이렇게 수많은 소비자들을 단순 소비자가 아닌 팬덤으로 20년 가까이 결속시킬 수 있었을까.

1976년 4월, 애플이 설립될 당시 애플은 의외로 꽤 오랜 시간 동안 대중적인 인기를 전혀 끌지 못하는 기업이었다. 대중에 어필은커녕 오히려 극소수의 사람들만 애정하는 일종의 마이너 회사였다. 기업의 성과 면에서도 누가 봐도 성공과는 거리가 멀었다. 당연히 애플의 팬덤은 형성될 수 없었고, 대신 극소수의 마니아, 이른바 '애플 덕후'들만 소소하게 존재할 뿐이었다.

애플의 홍보 방식 또한 엉망이었다. 1983년 애플은 《뉴욕타임스》에 무려 아홉 장에 걸친 광고를 냈다. 그

아홉 장의 지면 광고는 새로 출시된 애플 컴퓨터의 최첨단 기술에 관한 전문용어와 설명들로 빼곡하게 꽉 차 있었다. 어려운 용어들로 꽉 들어찬 아홉 장의 애플 컴퓨터 광고를 받아 본 대중의 반응은 어땠을까. 당연히 대참패, 냉담 그 자체였다. 컴퓨터 공학 전공자나 전문가가 아니고서야 해석조차 쉽지 않은 전문용어들로 빼곡한 그 지면 광고에 그 누구도 관심을 보이지 않았다. 이같은 단순한 사례에서도 알 수 있듯 애플과 스티브 잡스가 처음부터 팬덤을 만드는 경영과 홍보에 통달했던 것은 아니다. 소비자의 니즈를 읽지 못한 아홉 장의 광고로 신제품이 시장에서 참패를 겪은 걸로도 모자라 스티브 잡스는 괴짜 같은 난폭한 성격으로 애플에서 굴욕적으로 쫓겨나기도 했다.

애플에서 쫓겨난 1985년에 그는 재기를 노리며 컴퓨터 관련 업체가 아닌 뜻밖의 기업으로 거처를 옮겼다. 스티브 잡스가 선택한 곳은 바로 애니메이션 제작사인 픽사였다. 평생을 컴퓨터 기술 개발에 매진했던 그와 스토리 기반의 애니메이션 회사인 픽사는 전혀 어울리지 않는 듯해 보였다. 그는 자신도 어색했는지 늘 회의할 때, "제가 스토리를 구성하는 전문가는 아니지만…" 혹은 "저는 스토리에 관해 지식이 전무하기에 모두 제 말을 무시해도 되지만…" 따위의 겸손 표현을 덧붙였다고 한다. 실제로 전해지는 당돌한 그의 캐릭터와는 사뭇 어울리지 않는 표현으로 그 또한 어울리지 않는 옷이라고 본능적으로 느꼈던 것 같다. 그러나 그는 이런 낯섦과 결핍을 이겨내고 픽사 감독들이 스토리를 구상하는 전 과정에 참여했다. 얼마나 몰입했는지 다음 생에는 픽사 감독으로 태어나고 싶다는 말까지 했다고 한다.

픽사에서 스토리텔링을 온몸으로 경험한 뒤 11년 만에 스티브 잡스는 애플에 다시 복귀하게 된다. 그리고 복귀 후 그가 던진 한 문장으로 애플은 세상을 바꾸는 기업으로 올라서게 된다. 세상을 바꾼 그의 한 문장은 바로 "Think Different"다. 1983년에 게재했던 아홉 장의 지루한 애플 광고와는 전혀 다른 행보였다. "Think Different"라는 광고 문구는 지금도 성공적인 스토리텔링 광고로 수없이 회자될 정도다. 일말의 스토리텔링 없이 신제품 컴퓨터의 실제 첨단 기술명만 숨 쉴 틈도 없이 나열했던 과거와 전혀 다른 변화다. 이 광고에는 오히려 컴퓨터 관련 기술은커녕 직접적으로 '컴퓨터'라는 단어조차 등장하지 않았다. 기술명을 나열하는 대신에 잡스는 그 전에 언급하지 않았던 본인의 생각, 즉 '스토리'를 덧붙였다. 잡스가 들려준 스토리는 다음과 같다.

"여기 미친 이들이 있습니다. 혁명가, 문제아 등 모두 사회에 부적격인 사람들입니다. 하지만 이들은 사물을 다르게 봅니다. 다른 사람들은 이들을 미쳤다고 말하지만, 저희는 그들에게서 천재성을 봅니다. 미쳐야만 세상을 바꿀 수 있다고 생각하기 때문입니다."

스티브 잡스, 마음을 흔드는 스피커가 되기로 결심하다

픽사 재직 당시 그가 인정하듯 말했듯, 현실에서 스티브 잡스는 스토리를 구성하는 감독이 될 수 없었다. 그 대신 그는 스토리를 전파하는 무대 위의 연기자로 변신했다. 픽사에서 어깨 너머로 배운 스토리텔링 제작 기법을 기반으로 수많은 대중의 마음을 흔드는 프레젠테이션으로 구현하는 데 성공한 것이다. 평소 감정 표현이 좀처럼 없고 괴짜라서 폭군, 심하게는 소시오패스라고 혹평을 받기도 했던 그가 대중의 마음을 흔드는 데 성공한 것이다. 그것도 미국뿐만 아닌 전 세계 소비자의 마음을 흔들어 팬덤으로 바꾸는 쾌거에 이르렀다. 이들은 앞으로도 애플이 신제품을 출시하기도 전에 애플 제품이라면 무조건 구매하겠다고 90% 이상의 선구매를 선언하기도 할 정도의 열성팬이다. 이처럼 대중들로 하여금 사람이 아닌 '브랜드'를 좋아하게 하는 데 성공했다는 건 결국 그 브랜드가 휴먼 터치(Human touch)에 성공했다는 뜻과도 동일하다. "Think Different"라고 스티브 잡스가 회심의 발표를 하면서, 어쩌면 잡스 자신도 이전과 다르게 생각하기로 결심했는지도 모른다. 오로지 휴먼 터치 없이 첨단 기술로만 승부를 보겠다는 결심으로 고집을 부렸던 것이 애플 초창기의 스티브 잡스의 모습이었다면, 픽사 경험 이후의 스티브 잡스는 전혀 달랐다. 물론 선진 기술 개발에도 성공했지만, 오히려 전면에 이를 내세우지 않았다. 기술 개발 브리핑으로는 대중의 마음 온도가 달라지지 않는다는 점을 실패에서 깨달았기 때문이다. 오히려 그동안 지양했던 진솔한 자기 내면의 이야기를 차분히 들려주며 청중의 시선을 집중시켰다. 상품에 관한 이야기는 오히려 후순위로 미뤄두었다. 그럼에도 이때 출시된 애플의 상품 판매는 역대급으로 기록적인 높은 수치를 기록했다. 되려 상품의 얘기를 생략했음에도 더 폭발적으로 상품이 판매되는 이 현상을 어떻게 설명해야 할까. 천재성이 짙었던 스티브 잡스도 단 한 줄로 설명할 수 없는 얼떨떨하고 기이한 순간이자 장면이었을지 모른다.

그 당시 스티브 잡스의 스토리텔링에 마음이 흔들리며 개인의 세상이 바뀌는 경험을 했던 청중들은 애플의 팬덤으로 변모했다. 그리고 일시적일 것 같았던 그들의 열정은 여전히 건재하다. 애플의 일거수일투족에 관심을 보이며, 애플이 새 제품을 출시하는 순간 무조건 선예약 구매를 위해 앞다투어 경쟁한다. 애플의 브랜드 정체성에 무한 충성하는 팬덤 현상이다. 이처럼 애플 소비자가 팬덤화되는 것과 같은 현상을 패노크라시(Fanocracy, 팬덤이 통치하는 문화)라고 부르기도 한다. 팬을 뜻하는 'fan'과 규칙이라는 의미의 그리스어인 'kratos'에서 온 접미사 '-crary'가 합쳐져서 만들어진 단어로, 케이팝과 같은 대중 문화뿐 아니라 모든 기업, 단체에도 통용될 수 있는 개념이다. 어떤 집단이든 패노크라시가 확립되면 탄탄하고 장기적인 성공적 팬덤 경영이 가능한 것이다. 실제로 팬덤은 우리 주변 어디에나 있다. 그리고 그들이 결속되는 순간 엄청난 에너지를 자체적으로 만들어 낸다. 더욱 비교 불가한 큰 장점은 그 에너지가 쉽사리 식지 않는 다는 점이다. 고객과 소비자는 떠나도 팬은 그 자리에 여전히 남는 이유다.

청양고추 파는 중소돌의 기적, 에이티즈(ATEEZ)

에이티즈를 처음 본 건 〈불후의 명곡〉이란 프로그램에서 조연출로 일할 때였다. 한 주에도 가수들을 수십 명씩 만나다 보니 사실 누가 누구인지 구분을 잘 못할 때도 많았다. 그런데 신인이었던 에이티즈는 꽤 오래 기억에 남았다. 그 이유는 "저희 김포 살아요!" 이 한마디 때문이었다.

보통 아이돌은 강남, 그중에서도 청담동 일대에서 생활하게 된다. 주요 기획사는 물론이고 숙소, 헤어메이크업 숍들도 대부분 청담동 쪽에 밀집되어 있기 때문이다. '아이돌=청담동'이라는 개념이 상식처럼 박혀있던 그때, 갓 데뷔한 아이돌 멤버들의 회사와 숙소가 김포라는 게 신선했다. 혹시라도 무안할까 봐 전혀 겉으로 신기하다는 티는 내지 않았지만, 멤버들은 오히려 더 해맑게 "숙소 옆에 논도 보여요!"라고 신나게 김포 숙소에 관해 설

에이티즈 청양고추 마케팅

출처 : 일간스포츠

명해 줬다. 그 당찬 에너지 덕인지 신인이었던 에이티즈
는 첫 출연에 〈불후의 명곡〉 우승을 거머쥐며 다시 한번
제작진을 놀라게 했다.

그 후로 한 번 더 제작진뿐 아니라 여의도 KBS 인근
주민들을 놀라게 한 사건이 있었다. 바로 에이티즈가 '바
운시BOUNCY(K-HOT CHILLI PEPPERS)'로 컴백한 날이
었다. 곡의 부제에서도 알 수 있듯 한국의 매운맛을 알
려주겠다며, 가사에도 '청양고추 바운스'라는 내용이 들
어가는 곡을 들고나왔다. 파격적인 가사와 퍼포먼스에
서 그치지 않고 에이티즈는 여의도 일대에 "청양고추 팔

에이티즈 파격 마케팅 팬들 반응 트위터

아요~"라고 외치는 청양고추 트럭을 운행하고 지하철을 청양고추로 도배했다.

그걸로도 모자라 음악방송을 찾은 팬들에게 청양고추 레디백을 역조공 선물로 나눠주기에 이르렀다. 보통 포토 카드나 간단한 쿠키 같은 간식류를 주곤 하는데, 팬들에게 싱싱하고 알싸한 청양고추를 한 박스씩 안겨준 것이다. 이에 팬들은 '이거 들고 출근을 어떻게 하냐?', '지나가는 아주머니가 어디서 고추 샀는지 물어본다'며 실시간으로 열띤 반응을 업로드했고, SNS에서 엄청난 화제를 모으며 성공적인 바이럴을 이어갔다.

사실 에이티즈의 이 같은 마케팅 기법이 일반적이지는 않다. 아이돌은 보통 조금은 범접 불가한 신비로운 이미지를 내세워 팬들에게 다가가기 때문이다. 그러나 에이티즈는 역으로 친근하게 청양고추를 팬들에게 나눠주며, 〈6시 내고향〉에 출연해 실제 청양고추밭에서 수확을 도우며 어르신들에게 신곡 안무를 선보이기도 했다. 일말의 수치스러움이나 자격지심 따위는 없는 해맑고 멋진 프로의 모습이었다.

그리고 지난 2023년 에이티즈는 미국 빌보드 앨범 차트인 빌보드 200 정상에 오르는 기염을 토했다. 흔히 언급되는 톱4 대형 엔터테인먼트(JYP, SM, YG, 하이브) 기획사 출신이 아닌 중소 기획사 소속 그룹이 1위를 한 건 최초라고 한다. 에이티즈를 두고 '중소돌 혹은 흙수저 아이돌의 기적'이라고 말하는 이유다. 대형 엔터테인먼트사에서 흔히 하는 거대 자본 기반의 마케팅 대신 대중에게 직접 친근하게 다가가려는 참신한 아이디어와 그걸 즐기는 여유 있는 멤버들의 태도는 전혀 중소돌(중소 기획사 출신 아이돌), 흙수저의 그늘진 모습이 아니었다. 국내외의 팬들 역시 그 유쾌함과 진심을 늦게라도 알아챈 것은 아닐까.

누군가에겐 약점일 수 있는 부분을
창의적 콘텐츠로 바꿔낸
중소돌의 기적, 에이티즈 팬들은
그 한 끗 차이를 기가 막히게 발견해 냈다.

PART 03

강력한 팬덤,
어떻게 작동하는가

#01

내가 중요한 사람임을
재인식시켜 주는 일

#임영웅의 '영웅시대'가 말해준 것들

"우리 영웅 님만 생각하면 눈물이 날 것 같아요, 진짜."

"나도 알고 보니까 쓸데가 있는 사람이더라니까?"

〈팬심자랑대회-주접이 풍년〉이라는 팬 프로그램을 기획할 때 실제로 임영웅의 팬 '영웅시대'로부터 들은 이야기들이다. 당시에는 임영웅 편은 시니어 팬덤을 주제로 한 기획이었기에 팬들 대다수가 50대 중후반 이상이었다. 임영웅의 팬덤 영웅시대 회원들은 실제로 자식을 다 키워내고 인생 제3막을 맞이하며 공허함을 느끼던 시기에 임영웅을 알게 되었다고 입을 모아 말했다. 그들은 본인들이 하는 활동을 사람들이 '덕질'이라 부른다는 것도 아주 나중에 알게 되었다고 할 정도로 애초에 팬덤과는 거리가 먼 삶을 산 이들이었다. 다만 사회와 가정에서, 심지어 주 활동 무대였던 부엌에서도 한 걸음 떨어진 채로 자신의 위치와 존재에 대해 고민하던 차에 팬덤 활동으로 새로운 삶의 동력을 얻게 되었다고 한다. 평생 자식을 올바르게 키워내는 것에 최종 목표를 두고 달려왔던 치열한 삶, 그리고 그 목적이 달성되고 난 이후의 삶은 애초에 계획표에 존재하지 않았기에 적잖이 당황할 수밖에 없었을 것이다. 갑자기 바뀌어버린 자신의 위치에 당황하던 그때 훤칠하고 훈훈한 청년 가수 임영웅은 그들의 크나큰 공허함을 달래줄 단비 같은 존재였다. 그의 음악을 소비하고 국민 영웅으로 그를 성장시키는 일이 그들로 하여금 단조로웠던 일상에 재미는 물론이고 의미까지 있는 일과로 다가오기 시작했다. 내가 클릭해 조회 수를 올리고, 직접 투표해 임영웅을 1위 가수로 만든 그 순간 나는 더 이상 쓸모없는 사람이 아니었다. 임영웅은 이런 팬들과 수시로 소통하며, 가창력은 물론 중장년 팬심을 요동치게 하는 '반존대 화법'을 유행시키며 팬덤을 확장시켰다.

서태지의 〈컴백홈〉을 듣고 집으로 돌아간 가출 청소년들

지금과 비교했을 때 경제적, 문화적으로 부족하고 척박했던 시절. 그 시절 대중들이 스스로를 귀하게 여긴다는 건 사실상 불가능의 영역에 가까웠다. 또한 당시 사회 분위기 자체가 내면의 돌봄보다는 경제적 성장에 초점이 맞춰져 있었기에 소외되는 계층이나 방황하는 청소년 또한 많이 발생하는 암울한 시기이기도 했다. 이에 문화 대통령 서태지와 아이들은 〈컴백홈〉이라는 곡을 내놓

서태지 컴백홈에 귀가한 청소년 팬들

서태지의 「컴백 홈」 듣고 귀가한 가출청소년들

/ 오늘의 초점 /

사회적 현상이나 각종 사건을 토크쇼로 재구성한 SBS TV 「생방송 인간탐험 뉴스따라잡기」가 10일 오후 7시5분에 방송된다. 첫번째 코너는 서태지와 아이들(사진)의 노래 「컴백 홈」을 듣고 가출후 귀가한 청소년들의 이야기로 꾸며진다. 「컴백 홈」은 서태지와 아이들의 실제 가출경험을 토대로 씌어져 화제가 되고 있다. 이 노래를 듣고 가출했다가 돌아온 청소년들이 서태지와 아이들에게 보낸 편지내용을 소개하고 가출 청소년들의 심리상태, 생활상 등을 취재한다.

성형수술 등을 받고 있는 젊은 남성들과 승진에 대비, 멋내기에 나선 중년 남성들의 사연이 소개된다. 이밖에 5·18광주항쟁을 다룬 영화 「꽃잎」에 엑스트라로 출연했던 광주시민중 광주항쟁당시 아들을 잃은 어머

출처 : 서울문화투데이

았다. 기존의 가요계에서는 볼 수 없던 알아듣기 어려운 빠른 랩과 불경스럽고 특이한 복장을 입는다는 이유로 등장부터 기성세대의 멸시를 받았던 서태지와 아이들의 〈컴백홈〉은 엄청난 반향을 일으켰다. 실제로 서태지 본인의 가출 경험담을 기반으로 만들었다는 이 곡을 들은 전국의 서태지의 팬이자 가출 청소년이 집으로 돌아오기 시작한 것이다. 서태지 자신도 학창 시절에 가출을 여러 차례 했음을 밝히며, 따뜻하고 안전한 집 안에서 팬들이 꿈을 이루길 바라는 마음을 담았다는 그의 진정성이 통한 것이다. 이 같은 〈컴백홈〉 열풍에 한 시사 프로그램

의 진행자는 "정부가 대중 가수인 서태지와 아이들보다 못하다"는 날 선 비판을 하기도 했으며, 실제로 정부 위촉으로 서태지와 아이들은 가출 청소년 귀가 캠페인의 공익광고를 찍기도 했다. 당시 방황하던 팬들은 내가 좋아하는 가수의 노랫말로 나 자신이 소중함을 깨닫게 된 것이다.

이후로도 사회 소외 계층을 위한 아이돌의 '팬 송'은 앨범 수록곡 구성 시 필수 요소가 되었다. 90년대 최고 인기를 누렸던 H.O.T. 1집의 타이틀곡은 〈전사의 후예〉로, 부제는 '폭력시대'다. 제목에서 알 수 있듯 학교 폭력의 심각성과 문제점을 일갈하는 가사들로 채워져 있다. 또한 이 노래를 세상에 들고 처음 나온 H.O.T.의 그룹명 뜻 또한 'High-five Of Teenagers'의 약자로 십 대의 승리를 의미한다. 사회적으로는 물론 대중 문화 시장에서 사실상 소외되었던 십 대를 명확하게 주요 타깃으로 명명하고 주류로 끌어올린 계기가 되었다.

십 대에게 가장 영향력 있던 그룹인 H.O.T.는 〈전사의 후예〉 외에도 〈내가 필요할 때(부제: 소년, 소녀 가장에게)〉라는 발라드곡을 수록해 사회 문제에 관심과 애정이 있음을 대중에게 어필했다. 아름다운 노랫말에 직접 언급

되며 정서적으로 치유 받은 이들은 H.O.T.의 열성팬이
될 수밖에 없었다. 하루아침에 십 대의 승리를 외치는
스타로 인해 나만 동떨어져 혼자인 줄 알았던 각자의 척
박한 세상이 볕 드는 양지로 바뀌었기 때문이다.

성공적인 브랜딩의 핵심은 문제해결

프라이탁이라는 가방 브랜드는 매체 광고를 하지 않
는 것으로 유명하다. 광고를 하지 않고도 대중적인 인
지도를 얻을 수 있었던 건 이 브랜드의 팬덤이 알아서
SNS 업로드를 통한 광고를 자처했기 때문이다. 프라이
탁은 트럭의 방수 천 등을 재활용해 제작하는 업사이클
링 가방 브랜드이다. 실제로 버리기 직전의 오염된 폐품
을 재활용해 가방을 만들기 때문에 같은 디자인이 아예
없다. 기성세대에게는 단순히 '쓰레기로 만든 가방'으로
여겨질지 모르겠지만 MZ 세대는 오히려 이 점에 더 열
광했다. 환경을 생각함과 동시에 세상에 하나뿐인 디자
인이었기 때문이다. 이로써 구매를 하면서 개념까지 챙
기고 싶은 MZ 세대의 본능까지 저격했다. 실제로 이 브
랜드는 환경에 관심을 표하는 요즘 젊은 세대의 마음을

정확히 읽어낸 것이다. 이처럼 소비자가 소비할 때 자신의 신념을 적극적으로 드러내는 행동을 미닝아웃(신념을 뜻하는 '미닝meaning'과 벽장 속에서 나온다는 뜻의 '커밍아웃 coming out'이 결합된 단어이다. 자신만의 취향, 정치적·사회적 신념 등을 소비 행위를 통해 표출하는 현상이다)이라고 한다. 다시 말해 소비를 할 때 환경을 생각하는 프라이탁의 업사이클링 제작 방식처럼 자신의 가치와 신념에 부합하는 제품은 적극적으로 구매하고 그렇지 않은 제품은 철저히 불매하는 것을 의미한다. 이러한 모습은 공정과 정의의 가치를 중시하는 MZ 세대가 소비 시장의 주역이자 주 구매층이 되면서 더 도드라지기 시작했다. 환경을 생각하는 프라이탁이라는 브랜드의 정체성과 행보에 미닝아웃을 결심한 적극적 팬덤이 생긴 것이다. 여기에 이 브랜드가 매체 광고를 하지 않는 특이점에도 동화되어 직접 멋스럽게 차려입고, 프라이탁의 가방을 메고 각종 SNS에 업로드하며 자체적으로 팬덤 광고에 나서기 시작했다. 이에 이 브랜드는 수억의 광고비를 들이지 않고도 엄청난 파급력을 지닌 자체 바이럴 마케팅에 성공했다. 이는 멋과 개념을 동시에 획득하는 가치소비를 하고자 하는 젊은 세대의 니즈를 해결했기에 가능했던 일이다.

덕후가 브랜드에게   176

한국 야쿠르트 역시 어린이를 대상으로 공장 체험 코스를 개발해 학부모들 사이에서 화제를 모으고 있다. 체험 코스를 살펴보면 실제 평택 공장을 방문하여 유산균과 미생물의 개념을 설명해주는 학습 관련 코너부터 직접 제조 과정을 보고 시음까지 할 수 있도록 구성되어 있다. 학습과 동시에 육아도 일정 부분 해결되길 바라는 부모 소비층의 니즈를 정확히 해결한 것이다. 육아에 대한 니즈와 자녀 교육까지 해결해 준 브랜드인 한국 야쿠르트의 제품을 부모들이 향후에도 소비할 확률은 굉장히 높아진다.

이처럼 브랜드 성공의 핵심은 소비자의 문제를 해결하는 일이다. 시급한 문제는 소비자마다 다르므로 이를 파악하는 것은 굉장히 핵심적인 일이다. 임영웅과 서태지의 〈컴백홈〉 또한 심리적 공허함과 사회적 소외감을 음악으로 해결해 주었듯이 말이다. 심리적 결핍을 해결했다는 그 자체로 성공적인 브랜딩이었으며 확고한 팬덤이 생성되는 건 당연한 수순이었다.

#02

난공불락의
자발적 커뮤니티

#같이 하니까 안 창피하다

"저는 고독을 즐겨요"라고 말하며, 인간들로 가득한 속세에서 떨어져 살고 싶다고 말하는 이들이 있다. 나도 한때 고독병(?)에 걸려서 주변 사람들이 다 성가시게 느껴지고 그저 혼자 있고 싶었던 적이 있다. 그리고 실제로 속세를 떠나 먼 곳으로 홀로 한 달 살기를 떠나는 이들도 있다. 자발적 고독인 것이다. 그러나 호젓한 고독도 잠시, '#한달살기시작'이라는 해시태그와 함께 SNS에 각종 인증 게시물을 올리기 시작한다. 우연히 분위기 좋은 식당이라도 발견하면 참지 못하고 예쁜 사진과 위치까지 콕 찍어 업로드하고 '좋아요'나 댓글 반응을 실시간으로 살펴본다. 이런 사람들을 위선과 허세로 가득 찼다고 손가락질할 수 있을까?

인간은 세상에 태어나기 전부터 탯줄로 모체와 연결되어 있다. 또한 갓 태어난 신생아의 손바닥에 엄마의 손가락을 올리면 본능적으로 아기는 그 손가락을 꽉 잡는다. 신생아의 생명 유지 반사 중 하나인 움켜잡기 반사(Grasp reflex)다. 어쩌면 인간은 본능적으로 누군가와의 연결을 갈구하는 존재인지도 모른다. 그래서 직접 닿지 못해도 SNS상에서라도 피드백과 댓글을 받으며 스스로의 존재감을 수시로 확인하고 싶어 하는 것이다. 결국 고독은 즐기되 결코 고립되고 싶지 않은 것이 인간의 솔직한 심리다. 온라인 기술이 아무리 발달해도 사람들이 모이는 동호회나 커뮤니티는 예나 지금이나 여전히 건재하는 이유다. 취향을 공유하는 팬덤 기반의 커뮤니티는 더더욱 결합력이 강하다.

인간은 어떤 것에 대해 호감을 느끼면 타인과 공유하고 싶어 한다. 만약 타인이 나와 같은 가치관을 지니고 있다면 그 파급력은 걷잡을 수 없이 커지는데 그것이 팬덤 커뮤니티 생성의 기본 생리이다. 특히 숏폼 기반의 콘텐츠와 짧은 단문 메시지의 소통이 일상화되면서 사람들은 깊이 있는 정서적 유대관계를 쌓는 것에 어려움과 갈증을 느끼고 있다. 같은 가치관을 공유하는 팬덤 커뮤니티는 이것들을 해결해 줄 수 있는 열쇠가 될 수 있다. 심지어 지금은 한 개인에게도 셀 수 없는 수십 개의 취향이 있을 정도로 파편화된 시대다. 그러나 설령 본인의 취향이 주류가 아니라도 두려워할 것이 없다. 팬덤은 주류 문화가 숨 막힌다고 느낄 때 숨 쉴 수 있는 곳이기 때문이다. 팬덤만의 가치관과 공통의 언어가 존재하기에 주눅 들거나 창피해하지 않고 즐기는 것이 가능하다.

YOU'LL NOT WORKOUT ALONE

YOU'LL NOT WORKOUT ALONE. 내가 다니는 크로스핏 박스에 가장 크게 붙어있는 문구다. 실제로 평생 나는 운동 분야에서 무언가를 잘해본 적도, 잘해볼 생각도 해본 적 없는 운동 부족 그 자체인 삼십 대 후반의 현대 여성이다. 그런 내가 크로스핏을 1년 넘게 하고 있다고 하면 사람들은 좀 무서워하거나 운동을 과하게 한다는 반응이다. 실상은 그렇지 않다. 그곳에 들어가는 순간 YOU'LL NOT WORKOUT ALONE이라는 문구처럼 혼자 있는 기분이 1초도 들지 않게 회원들은 하나의 운명 공동체로 엮이게 된다. '나는 친구가 없는데…', '나는 운동을 잘 못해서 창피한데…'라는 생각을 할 시간이 없다. 운동 자체가 파트너 매칭 기반의 목표 지향형 고강도 운동이기 때문이다. 이곳에서는 모두의 관심사가 부상 없이 저마다의 기록을 만드는 것이기 때문에 그 목표를 두고 서로 격려만 해준다. 사실 나 또한 낯가림이 심한 성격에 처음에는 눈인사조차 어색해서 피하곤 했다. 그런데 이곳에 소속감을 느끼는 순간부터 먼저 인사도 건네고 운동을 마치면 동그랗게 모여서 주먹 인사까지 한다.

더 깊이 커뮤니티에 몰입된 회원들은 크루를 만들어 전 세계의 크로스핏 오픈 대회에 출전하기도 한다. 같은 목표를 가진 사람들 틈에서 할 수 있다는 응원을 받으면 실력이 늘지 않을 수가 없다. 실제로 턱걸이는 단 한 개도 못 하던 내가, 140파운드는 이제 거뜬히 드는 사람이 되었다. 혼자 운동하게 두지 않겠다는 모토의 커뮤니티의 일원이 된 성과이자 성취다.

우리 엄마도 덕질했으면 좋겠어요

"PD님, 우리 엄마도 덕질했으면 좋겠어요."

〈팬심자랑대회-주접이 풍년〉 연출 당시, 노년 우울증을 겪던 어머니와 단둘이 살던 스태프가 한 말이다. 처음에는 연예인이 밥 먹어주냐며 다 부질없다고 누구보다 앞장서 팬 활동에 반대 의견을 피력하던 사람이었다. 그러나 회차가 거듭될수록 녹화장 조명 밑에서 반짝반짝 눈을 빛내며 울고 웃는 본인의 어머니 또래의 팬들을 보니 생각이 달라졌다고 한다.

오히려 팬 활동을 하며 몸과 마음이 치유됐다는 수백

명의 팬들. 그들이 늦은 나이에 팬이 되면서 생기를 되찾은 이유는 무엇일까. 처음에는 단순히 특정 가수가 좋아서 팬카페에 가입했는데, 활동하고 보니 팬들이랑 더 친해져서 "가수 탈덕은 해도 팬카페 탈퇴는 못 하겠다"고 입을 모아 말했다. 콘서트 전날 모여서 오히려 본인들끼리의 소통을 더 즐기기도 한다고 한다. 이렇게 취미를 공유하고 친목을 도모할 수 있는 또래 집단이 생겨서 좋은 것 외에 그들을 강하게 결속시키는 또 다른 핵심 포인트가 있었다. 친목 기반의 또래 집단은 다른 동호회에도 얼마든지 많기 때문이다. 그들을 움직이게 하는 원동력은 바로 잃어버린 책임감을 되찾은 것이었다. 더 쉽게 표현하면 팬 커뮤니티 내에서 획득하게 되는 다양한 직급과 감투가 그들의 삶의 질을 높여주는 핵심 요소였다. 실제로 송가인 팬클럽 'AGAIN(어게인)'에는 지역별로 체계적인 조직도가 있다. 송가인 가수를 필두로 총무부터 스트리밍 담당까지 분야도 다양하다. 임원 임기도 2년에 명예 고문까지 웬만한 기업보다 직급 체계가 탄탄하다. 소속감은 인간의 굉장히 높은 단계의 욕구다. 눈코 뜰 새 없이 바쁜 것보다 개인에게 주어진 아무런 책임이나 할 일이 없는, 이른바 꿔다 놓은 보릿자루 신세가 더 괴로운

법이다. 특히 지금까지의 인생을 회사 내에서는 직급으로, 가정에서는 엄마, 아빠로 살아온 중장년층의 경우 더욱 그렇다. 자식을 다 키우고, 은퇴와 동시에 직급을 잃게 됐을 때 공허함이 이루 말할 수 없는 것이다. 세상에서 아무도 나를 찾지 않고, 말 그대로 무쓸모인 것만 같다. 그래서 계 모임에 참여하며 총무 등의 역할을 나눠 맡으며 위안 삼아 보지만, 근본적인 허전함은 채워지지 않는다. 그 허전함을 달래려 계모임 활동도 해보지만 근본적인 공허함은 해갈되지 않는다. 그러나 팬카페 활동은 다르다. 내가 소속된 한 지역을 맡으며 구체적인 직급으로 임명되고 나면 매일 내가 할 구체적인 일과 책임이 생긴다. 혼자 하는 팬 생활도 즐거울 수 있지만 나에게 권위가 부여되고, 나에게 기대하는 바가 생기면 누구라도 생기와 의욕을 갖게 된다.

모든 시상식에서 이제 스타들은 "팬 여러분, 사랑해요"라고 아무도 말하지 않는다. 여기에서 '팬 여러분'은 불특정 다수를 의미하는 것이기 때문이다. 마치 아무도 안 부르는 것과도 같은 팬 여러분이라는 무의미한 호칭 대신 유대감으로 똘똘 뭉친 팬덤명을 정확히 지목한다. 예를 들면 방탄소년단이 '아미'를 최우선으로 언급하는 것과 같은 것이다. 그렇게 내가 속한 집단명이 공식적인 자리에서 언급되었을 때 해당 커뮤니티에 대한 자부심과 소속감이 급상승하는 것은 당연한 이치이다. 진부한 표현이지만, 누군가 나의 이름을 불러주면 꽃이 되듯이 말이다. 사랑과 열정을 기반으로 뭉쳐있는 팬덤은 인정받는 그 순간 더욱 기세가 확장된다. 이에 유튜브 크리에이터들도 팬덤명과 동일한 구독자명을 필수적으로 만드는 것이다.

브랜드 기획자 역시 마찬가지다. 팬들을 부르는 호칭을 만들고 그들만이 느낄 수 있는 차별적인 혜택을 주는 것도 커뮤니티의 결속력을 높이는 방법이다. 오뚜기의 '오뚜기 해적선'이 대표적이다. 실제로 '오뚜기 해적선'이라는 이름의 인스타그램에 계정은 단 8,888명만이 함께 할 수 있는 비공개 계정이다. 굳이 '8,888명'으로 인원을 정한 것도 숫자 8이 오뚜기의 형상과 유사하기 때문이다. 인스타그램의 프로필 설명을 보면 '오뚜기 팀장이 몰래 알려주는 제보스타그램'으로 엄선된 팬들에게만 기업의 비밀을 알려주는 듯한 느낌을 준다. 이 모든 게 커뮤니티의 힘을 강화하려는 디테일한 노력들이다.

#03

대가를 바라지 않는
사랑법

#대가를 바라는 사랑은 피곤하다

가성비보다 가심비

"연예인이 밥 먹어주냐?"

팬심을 이해 못 하는 사람들이 흔히 하는 말이다. 논리적으로 따져 보면 맞는 말이다. 팬 활동이 밥을 먹여주거나 실질적으로 경제적인 도움이 되어주진 않는다. 하지만 역설적으로 '밥을 먹여주지 않아서' 지치지 않고 오래가는 에너지를 갖게 된다는 것을 그들은 잘 모른다. 그리고 팬들은 "최애가 밥을 먹여주진 않지만 밥을 먹을 힘을 준다"고 항변한다. 그 누구라도 내가 한 만큼의 보상이나 본전을 찾게 되면 그 관계나 행위는 결코 오래갈 수 없다. 인간의 욕심과 평가 기준은 끝도 없기 때문이다. 스타와 팬의 관계도 마찬가지다. 특정 대상에 애정을 느끼는 팬들의 감정의 영역은 쉽게 수치로 재단되거나 측정되는 것이 아니다. 실제로 팬들은 꽤 많은 시간과 비용을 투자하며 사력을 다해 애정을 담아 팬 활동을 한다. 이처럼 꽤 큰 비용을 들이고도 그에 합당한 대가를 바라지 않는 관계는 정말 드물고 특별하다. 피를 나눈 가족도 아닌데 말이다. 특히 작은 것 하나에도 가성비를 넘어 가심비('가격 대비 심리적 만족도'를 의미한다. 비용과 상관없이 만족스러운 것을 구매하는 소비 행태다)까지 깐깐하게 따지고 바라는 요즘 같은 추세에는 더욱 그렇다.

왜 팬들은 최근 트렌드에 반하면서까지 무제한적인 사랑을 베푸는 걸까. 직접 느껴본 사람으로서 근본적인 이유는 가슴이 뻐근한 그 감정을 도저히 주체할 수 없기 때문이다. 공연장에서 팬들이 함성을 지르는 것도 같은 이치다. 축구 팬들이 축구를 볼 때 흥분해서 소리를 지르듯 나의 최애를 눈앞에 두고 그 흥분된 마음을 차분히 담아두고 있는 것은 사실상 불가능에 가깝다. 이만큼 큰 애정을 품고 있음에도 팬들은 그만큼 어떠한 형태로 돌려받기를 바라지 않는다.

송가인의 열혈 팬, 직업은 이혼 전문 변호사입니다

송가인 팬카페에는 고문 변호사가 있다. 기획사에서 고용한 인력이 아닌 순수한 팬이다. 이혼 전문 변호사로 현업에 있으면서 동시에 송가인 팬카페에서 고문 활동을 하는 역할을 맡은 팬인 것이다. 주로 하는 일은 악플에 대한 법적 조치와 팬카페 운영진 자문 등이다. 현실에서는 엄연한 이혼 전문 변호사지만 팬 카페에서는 월급을 전혀 받지 않고 오히려 수임료를 팬심으로 받고 있다고 밝혀 화제가 되기도 했다. 어찌 보면 똑같은 변호사 업무지만 현업에서 느낄 수 없는 또 다른 즐거움과 자부심을 더 느끼게 된다고 한다. 대부분 직장인의 경우 본업무에 야근이 추가되면 굉장히 힘든데, 오히려 팬 활동을 하면서 본인을 계기로 온 가족이 송가인 팬이 되어 일상이 더 풍성하고 행복해졌다고 한다.

팬으로 산다는 것은 생전 겪어보지 못한 굉장히 이례적인 경험을 하게 되는 것을 의미한다. 논리로 설명 불가한 입덕의 순간인 '덕통사고'부터 있는 줄도 몰랐던 나의 숨은 기질을 발견하는 순간순간들이 모여 팬의 일상이 되기 때문이다. 사람들 앞에서 발표 한 번 하지 못했던 소심한 사람도 콘서트장에 가면 사자후 뺨치는 환호가 절로 나온다. 그리고 그 짜릿한 교감의 경험을 잊지 못해서 무모할지라도 다음 피켓팅(피가 튀는 전쟁 같은 티켓팅이라는 뜻으로, 열차표나 공연 관람권 따위의 예매에 많은 사람이 한꺼번에 몰려들어 치열한 경쟁을 벌이는 일을 이르는 말)을 결심한다. 누군가에 대한 애정으로 마음 졸이고 그 마음이 환희로 바뀌는 일. 생각보다 삶에서 많지 않은 일들이다. 따라서 팬들을 가볍게 보거나 비하할 하등의 이유가 없다. 혹여라도 비하하고 싶은 마음이 들 때는 가슴에 손을 얹고 '나는 한 번이라도 누군가에게 가슴 뛰어본 사람이었는가' 하고 되뇌어 보면 된다. 실제로 이 두근거리는 일은 살아가는 데 있어서 엄청난 에너지원이 된다. 팬심은 무언가를 계획하고 실천하게 하기 때문이다. 나 또한 어린 시절 팬으로서 가수를 보러 방송국에 갔던 그 하루가 인생의 모든 방향을 결정해 주었다. 그 하루의 충격적인 일탈의 날이 없었다면 예능 PD로 팬을 담는 프로그램을 만들며 살 수는 없었을 것이다.

나는 내 직업이 미치도록 좋다. 그때도 팬이었지만 PD가 된 이후에도 여전히 누군가의 팬이고, 심지어 이제는 팬들의 팬이기 때문이다. 열정을 갖고 있는 재기발랄한 그들이 진심으로 사랑스럽다. 어린 시절의 내가 그랬듯 모든 난관을 뚫고 방송국에 모여든 팬들을 매주 수백 명 이상 만나는 내 직업이 참 좋다. 그들 곁을 지나가기만 해도 에너지가 느껴진다. 그리고 지금은 팬들의 그 에너지가 무대 위 가수에게 집중되어 있지만 방향을 조금만 틀거나 넓혀도 그들에게는 무궁무진한 발전 가능성이 있다고 확신한다. 건방지지만 내가 그 임상실험의 산증인이기 때문이다.

더도 말고 현상 유지만 부탁해

그렇다고 팬들이 정말 아무것도 바라지 않는 것은 아니다. 오히려 대가를 요구하지 않기에 당당히 내 의견을 피력하고 요청할 수 있다. 대부분 팬이 바라는 것은 기본적인 도덕성과 무대 위에서의 아티스트로서의 태도를 유지하는 것이다. 쉽게 말해 '현상 유지'다. 내가 좋아했던 그 모습 그대로 무탈하게 존재해 주는 것을 말한다. 이것이 브랜드로 치환되어도 마찬가지다. 품질 저하나 여타 시장의 파고 없이 브랜드의 명성이 손상되지 않기를 바란다. 팬들이 이를 이렇게 간절히 바라는 이유는 단 하나다. 내가 추종하는 대상이 어떤 방식으로든 훼손되었을 때 공을 들인 팬들이 받게 되는 데미지가 어마어마하기 때문이다. 심지어 지금은 SNS의 활성화로 스타가 다방면으로 노출될 수 있는 플랫폼이 많기 때문에 훼손의 위험은 예전보다 더 커졌다고도 할 수 있다.

이에 아티스트와 기획사는 논란이 일어나기 전에 그들이 갖고 있는 영향력에 대해 먼저 정확히 알 필요가 있다. 특히 십 대의 절대적인 지지를 받는 아이돌의 경우 더욱 그렇다. 실제로 아이돌의 경우 술, 담배 등의 노출이나 언급은 금기시되고 있다. 문제는 사전 검열 없이 실시간으로 송출되는 라이브 방송에서 주로 발생한다. 실제로 아티스트가 라이브 방송에서 실수로 실언이나 욕설을 해 논란이 된 경우가 많다. 기획사에서는 이 같은 사태를 방지하기 위해 라이브 방송 진행 시 매니지먼트 부서의 직원을 투입해 실시간으로 부적절한 발언을 하는지 현장에서 감독한다. 실제로 멤버들이 그런 부적절한 언급을 할 기미가 보이면 앞에, 스케치북에 써서 들어 보이며 주의를 주기도 한다. 심지어 멤버들이 방송 중 스스로 이 말을 해도 되는 건지 먼저 동석한 매니저한테 자연스럽게 묻기도 한다. 라이브 방송이 길어질 경우 감시하던 매니저가 구석에서 코를 골며 자는 소리도 그대로 송출됐을 정도로 일상적인 장면이다. 졸음을 쫓아가며 팬들에게 상처가 될 말을 하지 않는지 회사 차원에서 주시해야 하는 상황을 유난으로만 보기는 어렵다.

대가에 대한 보답보다는 '현상 유지'로 팬심에 상처 주길 바라지 않는 마음. 이것만 있다면 오히려 즉각적인 피드백이나 보상이 없어도 더 즐겁다고 말하는 팬들. 논리적으로 설명하고 정의하기엔 복잡다단하고 신기한 감정의 영역인 것은 확실하다. 어쩌면 받는 것보다 주는 행복의 가치를 아는 고수 집단이기도 하다. 팬을 대상으로 혹은 소비자를 팬으로 만들고 싶어 기획하는 사람도 이들의 순수한 마음을 먼저 이해하고 분석해야 한다. 또한 이들의 성숙하고 순수한 관계를 적극적으로 지켜 주려고 노력해야 한다.

설렘은 인생을 꽤 훌륭한 방향으로 이끈다.
팬은 이 설렘을 에너지원으로 살아간다.
그들을 한심한 '빠순이'라고 비하하는 사람은
기꺼이 타인의 팬이 될 줄 아는 가치에 대해
모르는 사람일 뿐이다.

#04

막강한 인큐베이팅 팬덤

#직접 키울 기회를 드립니다

'0%', 제로 칼로리 음료의 당류 함량 얘기가 아니다. 최근 런칭한 아이돌 서바이벌 오디션 프로그램들의 평균 성적표다. 거대 자본이 들어간 아이돌 서바이벌 오디션 프로그램의 최근 시청률이 평균 1%도 되지 않는다는 의미다. 매체의 다양화로 인한 경영난으로 제작비 대비 고효율을 전보다 강하게 추구하는 방송사에서 시청률 0%는 사실상 사형 선고와도 다름없다. 그러나 아이돌 오디션 프로그램은 여전히 건재하다 못해 시청률 논란 속에 막을 내리기도 전에 동일한 포맷의 다음 오디션 프로그램을 연이어 기획되는 수준이다. 기성세대가 올드 매체인 TV의 주 시청층이기 때문에 아이돌 관련 프로그램의 저조한 성적표는 어찌 보면 필연적인 결과라고도 볼 수 있다. 그러나 서바이벌 오디션 프로그램만큼 화제성과 팬덤 형성을 동시에 달성할 수 있는 포맷 또한 드물다. 빅뱅, 트와이스, 워너원, 스트레이 키즈 등 실제로 전 세계에 거대 팬덤을 보유한 가요계 톱 아이돌 대부분 데뷔 서바이벌 오디션 프로그램에서 탄생한 경우이다.

아이돌에게 휴지 줍기 몰카를 하는 이유?

아이돌에게는 이불킥을, 팬들에게는 귀여움의 발동동을 선사하는 영상이 있다. 기획사에 연습생으로 발탁되기 전 오디션용으로 찍은 풋풋한 소개 영상이다. "안녕하세요, 저는 가수의 꿈을 꾸며 대구에서 올라온~" 등의 어색한 멘트로 시작되는 영상이다. 전문적인 헤어메이크업은커녕 카메라 앞에도 서본 적 없는 병아리 시절에 남겨둔 영상이지만 대가수로서의 첫 시작을 알리는 소중한 역사적 기록이기도 하다. 실제로 팬들은 오히려 스타의 이런 순박한 모습에 열광한다. 이런 순박한 얼굴로 눈을 빛내는 예비 스타들이 한데 모여있는 것이 아이돌 서바이벌 오디션 프로그램이다. 예전처럼 팬들은 종교나 하늘의 별처럼 스타를 숭배하듯 빠지거나 소비하지 않는다. 과거보다 조금 더 동등한 위치에서 바라보고 내 삶과 크게 다르지 않은 친근한 스토리에 호감을 느끼는 것이다. 아이돌 오디션 프로그램에서 팬심을 자극하는 소소한 스토리를 강화하는 식의 구성이 많은 이유다. 휴지 줍기나 흘린 콜라 닦기 몰래카메라가 대표적이다. 방법은 간단하다. 출연자의 눈에 띄지 않는 사각지대에 몰래 거치 카메라를 설치한 뒤 스태프가 실수로 쏟은 콜라를 어떤 멤버가 닦을 것인지 혹은 떨어져 있는 휴지를 누가 주울 것인지 지켜보는 것이다. 심지어 상황 설정은 고된 연습으로 멤버 모두가 지친 시점이다. 논리적으로 따지면 가요계에 아이돌 그룹으로 데뷔하는 것과 쓰레기 줍기 몰카가 무슨 관련인가 싶겠지만, 팬들은 숨죽이며 이 장면에 주목한다. 스태프가 쏟은 콜라를 재빠르고 예의 바르게 닦아주거나 당연한 듯 쓰레기를 무심히 줍고 나서 지친 몸을 이끌고 또다시 연습실로 들어가는 한 멤버. 그 멤버가 팬들의 최애가 될 확률은 급상승한다. 이는 단순한 선행이 아닌 쓰레기를 줍기 전의 태도와 선한 눈빛 그리고 연습을 이어서 하는 성실한 모습까지 담겨 팬들의 정서를 자극하기에 완벽한 구성이자 스토리텔링이기 때문이다. 오디션 프로그램은 다수의 인원이 참여해 생활하는 모습이 담기기 때문에 인사성, 배려심 등 인성 전반에 대해서 자연스럽게 관찰하고 파악할 수 있는 구성이다. 팬들이 가장 궁금해하고 몰입하는 포인트이기도 하다. 훌륭한 인성을 담은 한 장면에 마음이 동한 팬들은 이 멤버의 어미 새 겸 불을 밝혀주는 등대가 되기로 결심하게 된다. 그리고 이런 팬덤이 더 커질 경우 해당 멤버는 앞으로 거친 연예계에서 거대 팬덤이라는 철 갑옷을 두르고 활동하는 것과 다름없다. 이 정도로 스토리텔링이 만들어내는 캐릭터와 세계관은 막강한 것이다.

아티스트를 양성하는 회사 입장에서도 수익을 들인 쇼케이스 한 번보다 병아리 시절부터 성장기를 진솔하게 노출하며 차곡차곡 스토리텔링을 쌓는 것이 더 막강한 사전 홍보 수단이 된다. 그렇기에 방송국에서 기획하지 않더라도, 엔터테인먼트 자체적으로 오디션 서바이벌 프로그램에 기획, 투자해 신인 데뷔기를 담는 것이다. 실제로 방탄소년단을 만든 하이브와 CJ ENM이 공동투자해서 만든 프로그램인 〈아이랜드(I-LAND)〉에서 데뷔한 그룹인 엔하이픈(ENHYPEN)은 이미 데뷔 전에 선예약만 30만 장을 올리는 성과를 거뒀다. 실제로 데뷔 앨범이 나오지 않았음에도 서바이벌 프로그램만 보고 전 세계적으로 팬덤이 형성된 것이다. 무대 이전에 스토리텔링으로 감화된 강력한 팬덤이다.

다 여러분이 만든 것입니다

"다 여러분이 만든 것입니다."

조금 거칠게 표현해 오디션 서바이벌 프로그램에서 시청자에게 꾸준히 '세뇌'하려는 한 문장을 꼽으라면 이 문장일 것 같다. 실제로 오디션 서바이벌을 보면 흡인력 강한 스토리텔링 외에 잠재적 팬인 시청자가 직접 참여할 구실을 끊임없이 제공한다는 특징이 있다. 일차적으로 팬심과 지지를 표현하는 온라인, 모바일 투표 참여는 기본이고, 데뷔 전 무대 경험 쌓기를 목적으로 한 게릴라 버스킹에 팬들을 수시로 초대한다. 이로써 팬들은 스킨십 없이 집에서 투표만 하는 것이 아니라 데뷔 전 스타를 직접 찾아가서 보고 응원하며 내적 친밀감을 쌓을 수 있다. 출연자 또한 공식 데뷔 전에 실제로 팬들을 눈앞에서 확인하고 처음 만나는 자리이기에 감정이 격앙되는 경우가 많다. 그래서 치명적인 무대 실수를 하거나 눈물을 흘리기도 해 프로그램의 하이라이트 장면이 자주 나오는 클라이맥스 구간이기도 하다. 퍼포먼스적으로도 완벽하지 않고 아직 어색하지만, 의미 있는 과정을 함께한다는 인식과 팬들에게도 같이 성장하고 있다는 성취감을 지속해서 주입시키는 것이다. 이는 팬들에게도 역사의 시작을 함께했다는 의미에서 잊지 못할 순간이 된다. 모든 것이 세팅된 완벽한 감정 없는 AI 같은 아이돌이 아닌 긴장감에 덜덜 떨다 못해 울기까지 하는 성장 중인 스타의 모습을 눈앞에서 보고도 몰입하지 않을 수 있을까.

과거에는 스타라면 어설픈 모습은 최대한 삭제하고 모두 숨기는 게 철칙이었다. 최대한 평범한 일반인과 다르게 과한 무대의상을 입고 화장을 하고 마치 지구가 아닌 사이버 세계에서 불시착한 신비로운 존재인 것처럼 보이려는 데 사력을 다했다.

지금은 다르다. 비범하게 예쁘고 잘생긴 아이돌 멤버들도 홍대 한복판에서 요들송을 연상케 할 정도로 덜덜 떨리는 목소리로 "저한테도 팬이 있다는 게 너무 신기하네요"라고 울먹이듯 말하고, 실수를 연발하는 모습이 오히려 팬덤을 부르는 매력 포인트이자 무기가 되는 것이다. 실제로 방탄소년단의 팬덤인 아미에게 방탄소년단에 입덕하게 된 순간을 물으면, 데뷔 초반 사투리를 쓰며 땀에 찌든 모습으로 연습하는 소위 '도와주고 싶은 동생' 같은 모습에 팬이 되었다고 하는 경우가 많다. 현재 전 세계를 호령하는 그들을 돕는다는 것 자체가 말이 안 되지만 팬들의 말은 사실이다.

누구든 자신이 직접 만든 것은 쉽게 버리지 못한다. 유통기한이 지난 시판 고추장은 큰 죄책감 없이 버려도 할머니의 할머니로부터 대대로 내려온 우리 외할머니가 직접 만든 고추장은 쉽게 버릴 수가 없다. 심지어 골마지가 껴도 쉽게 버려지지 않는다. 버리기 아까운 나머지 겉 부분만 살짝 걷어내고 먹어도 깊은 그 맛은 변함이 없는 것만 같다. 미각마저 혼동하게 만드는 오랜 역사와 스토리가 가진 힘이다. 무생물도 이러한데 감정과 정서를 가진 팬들과 스타, 혹은 팬들과 브랜드의 스토리가 가진 힘은 더욱 강력할 수밖에 없다. 이런 측면에서 아이돌 서바이벌 오디션 프로그램의 0% 시청률을 완전한 실패라고 단정 짓는 것은 잘못된 판단일 수 있다. 오히려 두자릿 수 시청률로도 얻기 힘든 전 세계의 팬덤을 얻게 되었으니 말이다. 현명한 기획자라면 비난 속에서도 꿋꿋이 건재하는 것들에 쉽게 눈길을 거두어선 안 되는 이유다.

#05

아티스트의 도덕성이
최우선되는 나라

#인성 검증 필수

"스타는 무슨, 딴따라지 딴따라!"

연예인을 낮잡아 이르는 속된 말인 '딴따라'로 TV 속 모든 스타가 칭해지던 시절이 있었다. 실제로 어린 시절 TV 속 연예인을 지켜보면서 매번 드는 의문이 있었다. '왜 TV에 나오는 모든 가수나 개그맨들은 전부 나이트클럽에서 발탁되었다는 것일까?' 하는 점이었다. 당시 미취학 아동이었던 나는 '나이트클럽은 대체 어디며 무엇을 하는 곳이기에 이렇게 〈가요톱텐〉에서 1위를 하는 가수들을 줄줄 배출하는 것일까?' 하는 꼬리에 꼬리를 무는 호기심이 꽤 오랜 기간 해소되지 않은 채 남아 있었다. 그 시절 가수들은 토크쇼나 예능 프로그램에서 나이트클럽에서 일하다 데뷔한 사연을 공공연하게 우스갯소리로 하곤 했다.

그때는 이것이 저열하거나 부도덕하다는 개념이 오히려 없었다. 사회적으로 연예인을 딴따라로 치부하던 시절이라, 그들은 음지에서 나고 자라는 게 되려 자연스럽다고 여겨질 정도였다. 오히려 다방면에 끼가 많은 사람들이 연예인을 하는 것이니 정적이거나 지적인 장소보다는 화려하고 놀기 좋은 장소가 어울리겠거니 하고 생각했던 것 같다. 심지어 인기 연예인들도 직접 인터뷰에서 "내가 공부를 잘했으면 서울대를 갔겠지, 연예인을 했겠어요? 나 엄청 놀았어요"라고 당당히 말하는 분위기였다. 만약 지금 활동 중인 아이돌의 멤버가 예능 프로그램에 나와서 이런 얘기를 똑같이 한다면 어떨까? 아마도 다음 날 탈퇴 기사가 뜰 것이라고 확신한다.

최근에 한 아이돌이 팬 사인회에서 클럽에 갔냐는 팬의 질문에 음악을 좋아해서 갔었다고 수긍했다가 논란이 된 적이 있다. 바로 회사 차원에서 사과문을 올렸지만 논란이 사그라들지 않아 결국 활동 중단까지 하게 된 사건이었다. 해당 아티스트의 소속사도 활동 중단을 결정한 이유로 '팬과의 신뢰를 회복할 수 없을 것이라고 판단했다'고 밝혔다. 음악을 좋아해서 갔을 뿐 아무런 문제 행동을 하지 않았다는 설명까지 했는데도 클럽에 갔다는 사실을 팬에게 인정한 것만으로 하루아침에 대한민국의 아이돌로서 살아갈 수 없게 된 것이다.

과거에는 클럽이 연예인을 발탁하는 장소였고 공공연히 토크 주제로 삼았었는데 말이다. 그러나 지금은 클럽에 당당히 가서 놀아서도 안 되고, 설령 놀았더라도 그 모든 증거를 죄다 없애지 않으면 사실상 원활한 데뷔나 활동 자체가 불가능하다. 데뷔 전 초·중·고 모든 학창 시절 내내 문제를 일으키지 않았어야 함은 당연하다. 작은 논란도 데뷔하는 순간 피해를 당한 누군가의 제보로 일파만파 퍼지기 때문이다. 이에 아이돌 그룹을 양성하는 엔터테인먼트는 아이돌의 실력 검증 이전에 인성 면에서도 무결점인지 수단과 방법을 가리지 않고 검증해 내야 한다. 실제로 과거에 학폭 등의 문제는 없었는지 서류상의 확인으로도 모자라 주변 친구들을 직접 만나 형사처럼 탐문하며 확인하고, 인스타그램 등 SNS 계정을 낱낱이 살펴보는 것은 이제 기본적인 검증 절차가 됐다. 데뷔 이전에 SNS에 남긴 부적절한 사진이나 댓글조차 논란의 불씨가 될 수 있기 때문이다. 데뷔 이후에 논란의 여지가 있는 게시물이 발견될 경우에 일파만파 퍼져나갈 뿐 회수나 수습은 사실상 불가능하다. 이를 이유로 데뷔 앨범까지 다 만들어놓고 탈퇴를 하게 된 아이돌 멤버도 적지 않다. 이처럼 사전 아이돌 인성 검증에 성공하지 못하면 수억을 들여 투자한 회사의 사활이 걸린 프로젝트가 데뷔 이전에 물거품이 될 수 있다. 매니지먼트가 형사나 탐정도 아니지만, 과할 정도로 인성이나 사전 논란 검증에 사활을 거는 이유다. 이것으로도 모자라 자본이 뒷받침되는 대형 기획사는 인성 검증 외에도 데뷔 전, 그리고 데뷔 후에라도 꾸준한 인성 교육까지 필수로 받게 한다. 가수를 꿈꾸는 연습생들에게 춤, 노래, 연기, 외국어 등의 기본적인 아이돌 교육과 함께 인성 교육이나 인문 교양 교육마저 포함하는 것이다. 물론 사전 검증을 거쳐 무사통과한 멤버만이 이 인성 교육을 받을 수 있다.

아이돌의 필수 요건, 실력보다 진실과 성실

JYP 엔터테인먼트의 박진영 프로듀서는 핵심적 경영 철학을 진실, 성실, 겸손, 사랑이라고 말한다. 학교나 종교 단체의 철칙이 아닌 엔터테인먼트의 경영 철칙이 진실, 성실이라니 다소 놀랍지 않은가. 도덕적 자질보다는 아티스트의 재능과 퍼포먼스에 집중하는 미국에서는 이 같은 케이팝 아티스트의 고충에 놀라며 우려를 표하기도 한다. 그럼에도 아이돌의 도덕성을 검증하는 잣대는 나날이 더욱 엄격해질 뿐 너그러워질 기미는 전혀 보이지 않는다. 무대에서 노래를 부르며 퍼포먼스를 하는 게 본업인 아티스트의 도덕성이 이렇게까지 확보되어야 하는 이유는 무엇일까. 지금의 케이팝 팬들을 만족시키기 위해서는 무대 위뿐만 아니라 무대 뒷모습까지 무결해야 하기 때문이다. 오늘날 팬들이 소비하는 아티스트는 3분 동안의 무대뿐 아니라 그들의 일상까지 포함되어 있기에 결국 오늘날 아이돌에게 완전한 무대 밖은 애초에 존재하지 않는다. 무대를 내려와서의 태도와 모든 일상에서 무결함이 입증되어야 한다. 무대 밖도 결국 낱낱이 평가되는 또 하나의 무대인 것이다. 이처럼 도덕적으로 하자가 없는 아이돌은 대중과 팬으로 하여금 이들이 노래하는 사랑과 환상이 신뢰해도 된다는 확신을 심어주고, 실질적으로 이들에게 투자를 한 투자자들에게도 투자가 헛되지 않음을 인식시켜 주는 중요한 과정이기도 하다. 사실 이 과정에서 나이가 어린 아이돌 멤버가 감당해야 할 심리적 압박감과 부담이 적지는 않다. 실제로 방탄소년단의 RM도 이들의 부담에 대해서 언급한 적이 있다. 그가 말하길 "(아이돌은) 개인을 위한 시간은 많지 않지만, 그것이 케이팝을 빛나게 한다"며 케이팝 앞에 붙는 'K'의 의미에 대해서도 다음과 같이 덧붙였다. "'K' 수식어는 프리미엄 라벨이다. 우리 조상들이 싸워 쟁취하려고 노력했던 품질 보증과 같은 것이다." 그의 말처럼 프리미엄 라벨을 지키기 위해선 여러 가지 희생이 따르지만 이마저 우리 문화와 케이팝의 자부심으로 받아들인 마인드 자체가 멋지다는 평가를 받기도 했다.

　아이돌 그룹의 인성이 중요하듯 브랜드도 마찬가지다. 예전에는 소비할 때 제품의 성능 그 자체에만 관심을 가졌다면 지금은 다르다. 브랜드가 처음 만들어질 때의 가치관은 물론 심지어 그 브랜드를 만든 대표 개인의 인성까지도 중요한 판단 요소가 된다. 똑같은 성능의 제품이어도 심지어 성능이 별로일지라도 그 브랜드가 사회적으로 선한 의미를 가지면 팬심은 그쪽으로 기운다. 실제로 비주얼적으로 상품 가치가 없어서 폐기되기 직전의 채소를 모아서 배달해 주는 '어글리어스'라는 브랜드가 있다. "못생겨도 괜찮아"라는 슬로건 아래 분해 비닐 등 친환경 소재의 포장재에 못난이 채소들을 담아서 파는데, 가치소비를 하는 젊은 층에게 인기가 많다. 실제로 지구 온난화 해소는 물론 낭비되는 자원을 효율적으로 사용해 환경에 기여하는 효과가 있다고 끊임없이 소비자에게 어필한다. 객관적으로 보면 백화점에서 예쁜 포장지에 담겨 파는, 요리했을 때 그럴싸해 보이는 고품질의 채소는 아니지만 브랜드가 담고 있는 의미에 공감해 이 브랜드를 선택하는 것이다. 나날이 개인 취향이 세분

화되고 판단력 또한 고도화되는 상황에 이러한 브랜드들은 더욱 각광받을 것이다. 팬심은 진정성에 움직이기 때문이다.

따라서 기획자들은 제품 자체의 성능에 먼저 주목하기보다는 어떤 가치를 담아서 팬심을 움직일 것인지에 대한 고민을 더 앞서서 해야 할 것이다. 휘핑크림 모양으로 클렌저를 만들어 화제를 모은 비건 화장품 브랜드 휩드(WHIPPED)의 대표는 처음 혼자 사업을 시작할 때 직접 짤주머니에 재료를 넣어 만들고 배송까지 직접 하며 치르는 의식이 있었다고 한다. 박스에 직접 만든 제품을 넣고 포장한 뒤 경건하게 손을 모으고 "이 제품을 쓰는 사람들이 자신이 얼마나 소중하고 행복한 사람인지 제발 느끼게 해주세요"라고 소리 내어 일일이 빈 다음에 고객에게 보냈다고 한다. 모르는 사람이 들으면 근거 없는 샤머니즘처럼 느낄지도 모르겠지만 이 제품의 팬이 된 사람들은 이 브랜드를 만든 대표의 진심을 느꼈을 것이다. 이렇게 팬심을 움직이는 브랜딩에는 투박하고 얼토당토아니할지라도 진심만이 특효약인 것이다.

#06

팬덤=극성,
공식은 틀렸다

#진화하는 팬들의 배려 기술

팬들 사이에서 '국룰'이자 법칙으로 전해지는 것이 '덕계못'이다. 덕계못이란 덕후는 계를 못 탄다는 말의 줄임말로, 자신이 덕질하는 대상은 정작 직접 만나기 매우 어렵다는 뜻이다. 예를 들어 좋아하는 최애 아이돌이 내가 다니는 학교에 왔는데 하필 매일 가는 학교를 딱 그날만 가족여행으로 결석했을 때 땅을 치며 자조하듯 "역시 난 덕계못이야"라고 말하는 것과 같은 것이다. 실제로 팬들이 내가 좋아하는 스타를 직접 만나는 건 굉장히 어려운 일이다. 특히나 케이팝 그룹을 좋아하는 해외 거주 팬들에게는 더더욱 그렇다. 그런데 우연히 당신이 최애 스타를 만난다면 어떻게 행동할지 생각해 본 적이 있는가. 보통 같이 사진을 찍거나 최소한 사인이라도 받고 싶다는 생각이 들 것이다. 그 모든 걸 다 떠나 일단 내가 당신의 팬임을 알리는 어떤 행동이나 말을 하기 마련이다. 이 모든 걸 함구한다는 것은 굉장히 어려운 일이다. 그런데 이 모든 걸 해내서 화제가 된 방탄소년단의 팬이 있다.

실제로 해외에 거주하는 방탄소년단의 팬은 공항에서 방탄소년단의 멤버를 마주치는 운명 같은 일을 맞닥뜨렸다. 심지어 같은 한국에 살지도 않는 방탄소년단의 멤버를 외국 공항에서 만나다니 절로 비명이 나올 만한 일임에도 이 팬은 그렇게 행동하지 않았다. 반대로 방탄소년단의 멤버를 마주하자마자 늘 가지고 다니던 방탄소년단을 상징하는 키 체인 인형을 몸 뒤로 숨겼다. 그것도 멤버가 그녀가 팬임을 알아보기 전에 얼른 숨겼다. 평생 오지 않을지도 모를 기회를 이 팬을 왜 이렇게 허무하게 스스로 날려버렸을까. 이유는 단 하나, 그 기간이 멤버들의 단비 같은 휴가 기간이었기 때문이다.

뜨거운 인기로 전 세계를 누비며 활동한 고생한 멤버들에게 오랜만에 주어진 휴가 기간은 휴가를 기다려온 멤버들만큼이나 팬들에게도 소중한 기간이었다. 이에 방탄소년단의 팬인 아미는 휴가 기간 동안 어디서 멤버들을 만나도 모른 척하기 운동을 자체적으로 시작했다. 이런 팬들의 배려에 대해 방탄소년단의 멤버인 뷔는 "(가족들과 여행으로 떠난) 하와이와 공항에서 편안하게 여행할 수 있도록 모른 척하고 배려해준 아미들에게 감사하다"고 고마움을 직접 전하기도 했다.

이뿐만 아니라 미국 아미들은 빌보드 시상식에 참석하기 위해 로스앤젤레스 공항에 방탄소년단이 도착했을 때 방탄소년단의 상징색인 보라색 리본을 묶어 멤버들이 안전하게 이동할 수 있도록 이동 동선을 확보하고 나

공항에서 RM을 모른 척하는 팬

anitaku3 @perfectlyloney · Dec 14 ···

When you see RM when you arrive to NYC. And yank your BTS merch off
ur neck so he doesn't know **you** are ARMY 😭 #army #kimnamjoon #bts 🍴
#nyc #rm

출처 : X_@perfectlyloney

서서 질서를 유지했다. 공항은 대표적으로 팬들이 몰리고 넘어지는 등 무질서로 인한 사고가 가장 많이 발생하는 곳이다. 무대가 아닌 곳에서 가까이에서 스타를 보게 됐을 때 팬들의 흥분과 동요도 이해가 되지 않는 것은 아니다. 그럼에도 그 모든 본능을 억누르고 질서 유지에 집중하는 모습에 전 세계는 성숙한 팬덤의 위대함에 대해 연이어 보도했다. 그들이라고 사랑하는 스타에게 눈길조차 안 주고 싶었겠는가. 이처럼 때로는 표현하는 것보다 참아내는 것이 더 무겁고 어려운 일이다.

　팬 프로그램 연출 당시 수많은 중장년 팬을 보유한 트로트 가수 박서진의 녹화 때의 일이다. 매회 녹화를 마치고 나면 팬들과 연예인이 함께 사진을 찍게 해주곤 했는데, 팬들이 한사코 사진 찍는 것을 사양하는 것이었다. 어린 팬들과 달리 중장년 팬들은 표현에 좀 더 적극적이고 저돌적인 편인데 굉장히 의외의 모습이었다. 이유를 들어보니, 어린 시절의 크고 작은 상처로 인해 사람들의 눈을 잘 쳐다보지 못하고 낯가리는 가수 박서진을 잘 알기에 배려하고 싶어서라고 했다. 당장 사진을 찍으면 팬들은 좋을지 몰라도 정작 내가 좋아하는 가수가 불편해할 것 같아서 늘 먼발치 떨어져서 응원하고 사진을 찍자고도 하지 않는다고 덧붙였다. 신선한 충격이었다. 시간을 내어 전국 각지에서 박서진 하나를 보기 위해 노란 단체복을 입고 달려온 어머니 팬들이 숨죽이고 배려하는 모습이 낯설었다. 그렇게 사진 한 장 찍지 않은 채 가수를 보내고 나서 일사불란하게 움직이기에 퇴근길 인사라도 하고 가시려나 했는데, 녹화장의 쓰레기를 줍기 시작하셨다. 프로그램 녹화의 세트 정리와 청소는 담당해 주는 직원이 있다고 설명해도 한사코 직접 다 치우고 고생한 제작진을 위한 작은 간식도 챙겨주고 나서야 녹화장을 떠나셨다. 끝까지 완벽하게 질서 정연한 모습이었다.

팬들을 직접 모셔 스타를 만나는 기쁨을 주는 프로그램을 기획한 건 나인데 반대로 박서진의 팬으로부터 배려를 받은 묘한 기분이었다. "어머님들, 저희는 서진 씨도 아닌데 정작 좋아하는 서진 씨랑 사진도 안 찍으시고 왜 이렇게 제작진한테 잘해 주세요?"라고 당황해서 물으니, "본인 가수의 고생을 알아주고 주인공으로 불러준 게 고마워서"라고 말한다. 매주 방송을 제작하던 우리에게는 매주 달랐던 게스트 중 한 명이었을 뿐인데, 박서진의 팬 입장에서는 힘든 무명 시절을 겪고 성공한 박서진을 '주인공'으로 인정해 준 유의미한 프로그램이었던 것이다. 그래서 본인들만의 방식으로 그런 제작진들과 방송국 자체에 감사를 표하고 싶었던 것이다. 나 또한 팬 활동을 많이 해봤다면 해봤지만 경험해 보지 못한 감정이었다.

단순히 팬이라는 이유로 아티스트를 소비하는 데에만 집착하는 것이 아닌, 아티스트의 성향을 섬세히 파악해서 편안히 지낼 수 있도록 배려하는 깊은 마음에 오히려 내가 감동한 순간이었다. 다가가 환호하고 싶은 본능을 억누르고 길을 터주고, 편히 무대를 할 수 있게 앞서서 배려해 주는 팬심은 진화할 대로 진화했다.

이 재킷을 사지 마세요(Don't Buy This Jacket)

이제는 기획하는 사람이라면 팬심=극성이라는 공식으로 접근해서는 안 된다. 다른 예능 PD들보다는 팬에 대해서 잘 알고 있다고 믿었던 나도 막상 팬들을 마주하니 잘못 알고 있었던 사실이 많았다. 만약 내가 박서진과 박서진의 팬클럽 닻별의 니즈를 아예 반대로 파악해서 야심 차게 하이터치회(주로 아이돌 팬 사인회에서 많이 하

는 이벤트로, 팬과 연예인이 손바닥을 마주치고 지나가는 행위)
라도 구성했다면 어떨까. 아티스트인 박서진도 당황스
러웠을 것이며 팬들은 아티스트와 팬의 성향을 전혀 파
악하지 못한 제작진이라는 생각이 들었을 것이다. 평상
시 통념대로라면 스타와 스킨십하는 걸 팬들은 무조건
좋아한다는 상식으로 시도했을지도 몰랐을 기획이다.
그러나 이제는 코딩하듯 한 개의 입력값에서 예상할 수
있는 단일 출력값이 나오지 않는다.

　브랜드나 제품도 마찬가지다. 단순히 시장의 원리에
따라 값싸고 질 좋은 물건을 판다고 해도 환호하는 팬
이 좀처럼 쉽게 생기지 않는 것처럼 말이다. 오히려 소
비자들에게 구매를 독려하기는커녕 "이 재킷을 사지 마
세요(Don't Buy This Jacket)"라고 외쳤던 브랜드가 화제를
모으며 팬덤 생성에 성공했던 것처럼 말이다. 우리 제품
을 사지 말라는 청개구리 같은 광고를 내건 브랜드는 파
타고니아다. 실제로 이 광고는 2011년 11월 25일 파타고
니아가 블랙프라이데이를 맞아 《뉴욕타임스》에 게재
한 광고다. 이 광고를 보고 소비자는 광고 문구대로 재
킷을 사지 않았을까? 오히려 반대였다. 이 광고를 게재
하고 나서 당시 매출이 40% 이상 폭증했다고 한다. 청개

구리 같은 문구일지라도 환경을 생각하는 파타고니아의 속 깊은 메시지에 소비자의 마음이 움직여 팬덤이 된 것이다. 이 브랜드의 설립자 이본 쉬나드(Yvon Chouinard)는 파타고니아를 창립한 1973년부터 환경 오염을 해결하기 위한 사업을 하겠다고 밝혀왔다. 제품을 사지 말라는 위의 광고 문구 역시 환경에 해를 끼치면서 까지 새로운 옷을 구매하지 않도록 오랫동안 입을 수 있는 좋은 품질의 옷을 만들겠다는 그의 철학과 아이디어에서 나왔다. 의류를 만들어 파는 기업이지만 되도록 오래 입고 새로 구매하지 말라는 경영자가 해서는 안 될 것만 같은 이 메시지에 사람들의 마음은 움직였다. 진심을 가진 브랜딩이 인간의 온도와 감성을 전달하는 휴먼 터치(Human touch)에 성공한 것이다.

성공적인 브랜딩의 제1원칙은 사람들의 문제를 해결하는 것이다. 환경 오염의 심각성을 인지하고 그것을 해결하고 싶은 소비자의 마음을 읽고 방향을 제시해 준 브랜드의 방향성이 파타고니아의 구매자를 단순 구매자가 아닌 가치소비를 하는 팬으로 만들었다. 진심과 문제해결, 그 두 가지 키워드를 조합하면 성공적인 팬 브랜딩에 가까이 갈 수 있을 것이다.

표현의 유쾌함 대신 인내의 무거움을
기꺼이 선택하는 팬심.
즉각적 만족을 최우선 가치로 두는
단순 소비자라면 감히 가지 못했을 방향이다.

고차원의 감성적인 배려를 일삼는
그들을 꾸준히 연구해야 하는 이유다.

#07

기꺼이 누군가의
팬이 될 줄 아는 여유

#당신은 누구의 팬입니까?

학창 시절 김동률에게 빠진 적이 있다. 음색도 훌륭하고 특유의 지적인 이미지도 좋았지만 내가 그의 팬이 되기로 결심한 건, 그가 누군가의 팬이 될 줄 아는 멋있는 사람이라는 확신이 들고 나서부터였다. 발단은 그가 올린 싸이월드의 서평 게시물이었다. 당시 김동률은 본인이 재밌게 읽은 책을, 싸이월드를 통해 짧은 소감과 함께 리뷰로 올려주곤 했었다. 소설가 요시다 슈이치(Yoshida Shuichi)의 팬임을 처음 밝힌 그 게시물에서는 평소 그의 이미지가 상상이 안 될 정도로 설렘 가득한 학생이 쓴 듯한 팬심 어린 문장들이 적혀 있었다. 평소 굵은 중저음의 목소리를 가진 진중한 이미지라고 생각했기에 그의 핑크빛 팬심 고백은 나에게 신선한 충격으로 다가왔다. 이처럼 '누군가의 팬이 된다는 것'은 그 어떤 권위도 부드럽게 만드는 마법의 문장이다.

전 세계적으로 저명한 인사를 만났을 때 설레는 마음으로 조심스럽게, "팬입니다"라고 말했을 때 권위적일 줄만 알았던 상대가 "저도 당신의 팬입니다"라고 말했을 때의 품격과 여유를 혹시 목도한 적이 있는가. 실제로 누군가를 단순히 호감으로 느끼는 것을 넘어서 '팬'이라고 스스로를 낮춰 일컫는 것은 고도의 심리적 여유가 있지 않으면 불가능한 일이다. 자신의 취향을 진솔하게 공개한 것이기도 하고, 현실의 위치의 높낮이에 얽매이지 않고 자신을 낮추고 배려하는 마음을 팬이라는 단어를 빌려서 말하는 것이기 때문이다. 내가 스스로 팬임을 자처하는 사람을 높게 평가하는 이유다. 어떤 대상을 손쉽게 평가하고 비하하기는 굉장히 쉽다. 그러나 어떤 대상의 특장점을 찾고 그것에 굉장히 매료되어 있다고 말하기까지는 굉장한 단계의 사고와 통찰력 그리고 노련함이 필요한 일이다. 당신의 주변에 누군가의 팬이라고 말하는 사람이 누구인지 한 번쯤 떠올려 볼 필요가 있다.

팬덤의 최종 목표는 아티스트의 가치 성장

팬들의 최종 목표는 무분별하고 일방적인 소비가 아니다. 자신들의 진정 어린 응원과 지지로 인해 아티스트의 가치가 성장하는 것이 오늘날 팬들의 더 큰 목표다. 과거에 마마무의 팬들은 당시 멤버들의 컨디션 난조를 배려해 팬덤이 연합해 자체적으로 마마무 콘서트에 보이콧을 선언한 적이 있다. 내가 좋아하는 아티스트를 무대에서 당장 보지 않아도 좋으니 멤버들의 컨디션을 챙겨달라는 것이다. 실제 당시 마마무는 일본 데뷔를 시작으로 70회가 넘는 지방 행사, 해외 공연, 솔로 앨범 발매와 5회의 솔로 콘서트, OST 참여 등으로 피로도가 극에 달한 시점이었다. 그러나 마마무의 기획사는 예정대로 콘서트를 강행하겠다는 공지를 내렸고, 이에 마마무 팬 연합은 성명서를 내고 "과도한 스케줄로 아티스트의 부상 악화와 컨디션 저하가 염려된다"며 "다가온 콘서트를 즐기기보다는 다가올 마마무의 미래를 생각하겠다"라고 공식 보이콧을 선언하며 콘서트와 모든 굿즈(기념품)에 대해 불매운동에 돌입했다. 이에 기획사는 결국 성난 팬의 의견을 받아들여 예정된 콘서트를 부랴부랴 취소하기에 이르렀다. 다가온 콘서트보다는 다가올 미래를 더 생각하겠다는 표현이 인상적이다. 스타를 사랑하는 팬이 콘서트장으로 달려가는 것을 기꺼이 포기하고, 미래에 더 투자해 달라고 말하는 현 상황을 기획자는 어떻게 이해해야 할까.

처음에는 팬들의 이런 태도가 쉽게 이해되지 않았을 것이다. 마마무의 기획사 또한 팬들의 걱정은 이해하지만, 얼마 안 남은 콘서트 일정은 팬들을 위해 소화하겠다고 했던 것처럼 말이다. 그러나 결국 팬들의 보이콧을 이기지 못했고 팬 투표까지 시행해 결국 다수결로 마마무의 콘서트는 연기되었다. 비용의 낭비를 수반한 이 같은 지난한 일을 겪지 않기 위해서는, 먼저 콘서트를 기획할 때 팬 커뮤니티의 동향과 그들이 남긴 데이터를 살펴봤다면 좋았을 것이다. 최근 강행군인 국내외 스케줄에 대해 팬들의 반응은 어떤지, 혹은 단순히 아티스트가 많이 노출되었다는 것에 만족하고 있는지 팬들의 속내를 살펴본 뒤 콘서트 일정을 잡았다면 보이콧 사태로까지 번지지는 않았을 것이다. 콘서트는 가수에게도 최종 꿈이자 목적지와도 같고 팬들에게도 연중 가장 의미 있는 빅이벤트이기 때문이다. 물론 매니지먼트사의 수익 면에서도 상당한 부분을 차지하는 것도 사실이다. 가장 의미 있는 날에는 누구나 생각이 많아진다. 수단과 방법을 가리지 않고 실수와 아쉬움은 최소한으로 남기고 싶은 것이다. 기획사 또한 동의하는 바이겠지만 심리적 아쉬움보단 수치적 손실을 가장 적게 남기고 싶은 니즈가 팬이나 아티스트보다는 더 큰 입장이다. 그렇다고 아티스트, 팬, 기획사 이 셋의 니즈가 절대 만날 수 없는 평행선상에 있는 것은 아니다. 팬 투표로 콘서트 연기를 결정했듯 시기적인 조율 등이 충분히 가능하다. 이러한 사전 논의

가 있었다면 기존에 대관했던 콘서트에 대한 취소 비용 등을 절감할 수 있었을 것이다. 팬과 기획사의 마찰도 최소화할 수 있고 말이다. 팬들이 모여있는 커뮤니티는 스타를 예찬하는 의미 없는 수다만 있는 공간이 아니다. 팬들은 이곳에서 의견을 개진하고 서로 실질적인 방안에 대한 피드백을 주고받는다. 기획자라면 그곳을 통해 일차적으로 전략을 세우는 것이 장기적으로는 실손을 막는 가장 정확하고 빠른 방법이 될 수 있다. 샤오미가 이같은 과정을 통해 대륙의 실수에서 대륙의 실력으로 거듭났던 것처럼 말이다. 팔로워 100명으로 시작한 샤오미의 SNS 계정은 2020년 기준 약 1억 명 이상이 활동하는 커뮤니티로 발전했다. 팬들은 매일 30만 건 이상의 샤오미와 관련된 각종 리뷰와 글들을 업로드하고 샤오미는 이를 즉각적으로 관리하며 반영한다. 열성 소비자를 그냥 팬으로 남겨두는 것이 아니라 팬 활동에 따라 계급을 부여하며 더욱 적극적인 참여를 유도한다. 또한 왕성한 활동을 한 팬에게는 샤오미의 신제품 구매 우선권인 'F쿠폰' 등과 같은 그들이 원하는 보상을 부여한다. 'F쿠폰'의 F 또한 Friend의 약자로 샤오미와 샤오미의 팬 미펀이 서로 친구라는 점을 상기시키며 정서적 연결 또한 놓치지 않는다. 사활을 걸고 팬덤을 기반으로 기업의 발전을 이끈 샤오미의 행보를 주의 깊게 살펴봐야 할 때다.

"감독이 아닌 팬이 될게" - 팬이라는 단어의 따뜻한 온도

"감독이 아닌 팬이 될게."

얼마 전 맘카페에 학업 성적으로 자녀를 닦달했던 것을 반성하는 워킹맘이 썼던 글 중 기억에 남았던 문구다. 매사 간섭하고 지적하는 날 선 감독이 아닌 자녀를 응원하고 지지하는 따뜻한 '팬'이 되겠다는 진심 어린 고백. 이렇게 '팬'이라는 한 글자에는 따뜻한 온도가 담겨 있다. 현대카드가 현대자동차의 카드일 뿐이라는 혹평과 함께 업계 후발주자로 시장에 나설 때 획기적인 디자인 경영으로 현대카드의 이미지를 선두로 끌어올린 인물이 정태영 부회장이다. 그는 보통 종이봉투에 담겨 배송되는 카드 포장 패키지를 패션 잡지처럼 디자인해서 스토리를 담아 화제를 모았고, 브루노 마스 등 국내에서 보기 힘든 팝스타를 초청해 슈퍼콘서트를 여는 등의 기존의 카드사답지 않은 파격 행보를 보였다. 브랜딩 전문가인 그는 최근 마케팅의 본질적 변화는 '팬'들이 기존 매체를 대체한 것이라고 말한다. 보통 SNS나 유튜브가 기존 매체를 대체했다고 여기는 데 반해 브랜드 마케팅에서 '팬'의 영향력에 대해 통찰력 있게 파악한 발언이라는 생각이 들었다. 그는 팬덤을 형성해야 기업과 상품이 가진 페르소나 인격, 철학, 존재 이유, 방향성을 모두 담는 성공적인 브랜딩이 된다고 말한다. 그가 파격적으로 시도한 현대카드의 트렌디한 디자인이나 애플 페이를 국내에 처음으로 도입한 것 또한 애플이란 기업에 열광하는 전 세계의 젊은 팬덤에게 어필하려는 고도의 전략이었다. 일시적 소비자가 아닌 장기적인 관심을 보이는 팬덤 형성이 브랜딩의 목표이자 핵심이다.

**누군가의 팬이 된다는 것에 대한
따뜻한 온도를 파악하는 것,
팬 브랜딩 기획자가
가장 먼저 헤아려야 할 부분이다.**

PART 04

임영웅부터 몬스타엑스까지
〈주접이 풍년〉에서
발견한 패노크라시

#01

남녀노소 불문,
'으른'들의 팬덤

#송가인 X AGAIN

가수님을 알게 된 이후로 30년간 끊지 못했던 우울증 약을 끊게 되었습니다. 목판에 가수님의 가사를 직접 새기며 선물할 날이 올지도 모른다는 기대감과 행복감에 시간 가는 줄 모르고 지냈더니, 칠십 평생 달고 살아야 할 줄 알았던 술과 약을 끊고 마침내 우울증에서 벗어날 수 있었습니다.

– 송가인 팬, 서울 산토끼

〈주접이 풍년〉 송가인 편에서 '서울 산토끼'라는 닉네임으로 활동 중인 70대 남성 팬이 직접 카메라 앞에서 했던 고백이다. 이에 송가인은 "제가 의사도 아닌데 병을 고친다니 눈물이 난다. 대체 제가 뭐라고…"라며 말끝을 흐렸다. 실제로 핑크색 단체복을 입고 녹화장을 찾은 송가인의 수많은 팬이 송가인에 대해 말하길 병원에서도 못 고쳤던 아픔을 근본적으로 치유해 준 은인이라고 입을 모았다. 많지 않은 나이임에도 깊은 한을 간직한 듯한 허스키한 보이스와 풍부한 감성으로 무대를 휘어잡은 송가인에 대한 팬들의 극찬이었다. 언론에서는 이런 그녀를 두고 훌륭한 가수이기 이전에 '5060의 구원자'라고 표현하기도 한다. 실제로 그녀를 본 사람은 알겠지만, 놀랄 만큼 연약하고 작은 체구를 가진 그녀가 수많은 팬들을 강단 있게 치유한 힘은 어디에서 나온 것일까.

팬덤 파악 천재, 송가인

송가인은 내가 만난 연예인 중 팬들에 대해 가장 속속들이 알고 있는 인물이었다. 화면에 팬들의 얼굴이 스쳐 지날 때마다, 이름은 물론이고 "저분은 최근까지 서울에 살다가 제주도로 내려가서 살고 있어요"라는 거주지 변동에 관한 사항은 물론 "저 팬은 최근에 차를 바꿨다", 심지어 "얼마 전에 단발머리로 잘랐다"는 등의 절친한 친구 사이가 아니면 모를 만한 사적인 근황들을 눈을 빛내며 제작진에게 수다 떨듯 알려주었다. 너무도 신기한 마음에 암기력이 좋은 건지 그 비결을 물으니 매 스케줄을 마치면 20분이라도 직접 팬들을 만나기 때문이라고 알려주었다. 허름한 근처 식당이든 시간 여건상 그것조차 여의치 않으면 행사장 한 귀퉁이에서라도 팬들과 직접 눈인사를 하고 안부를 주고받는 게 오랫동안 지속해 온 일상이라고 했다.

보통 팬들은 무대에서 스타가 나를 향해 눈만 한 번 찡

굿해 주어도 난리가 나는데 내 이름과 닉네임은 물론, 최근 근황까지 줄줄 읊을 정도로 알아준다면 어떨까. 흔히 이런 팬들을 말하길 성공한 덕후라는 뜻의 '성덕'이라고 하는데, 최애 스타가 짧아진 나의 머리 기장까지 알아주는 걸 성덕이라는 단순한 단어로 정의할 수 있을까. 실제로 송가인의 팬덤 AGAIN은 이렇게 진심으로 변함없이 팬들과 가까운 거리를 유지하고 눈을 맞추는 송가인의 팬 사랑에 대한 자부심이 엄청나다. 이에 보답하기 위해 송가인이 공연 전 즐겨 마신다는 유자차를 준비해 나눠 마시며 서로에 대한 존재감을 확인하고 소통한다. 디테일하게 팬심을 읽어주는 스타가 만든 나비효과다.

무조건 같이! 군무의 대가 깃발 팬덤

붕어빵 기계, 대형 어묵 제조기, 가마솥 족발에 출력 쩌렁쩌렁한 스피커 그리고 우천 시 비를 막아줄 초대형 천막. 이 모든 게 송가인의 팬덤 AGAIN의 팬 활동 준비물이다. 잔치라도 열렸나 싶지만 AGAIN에게는 매 행사가 잔치다. 실제로 붕어빵, 족발 등의 음식을 담당하는 부서와 천막 설치와 철거를 담당하는 부서도 철저하게 구분되어 있다. 송가인의 팬덤 AGAIN이 대중의 이목을 이끈 최대 무기는 바로 '초대형 깃발'이다. 수백 명의 팬들이 같은 핑크색 옷을 입고 송가인 얼굴과 팬카페 AGAIN 로고가 수 놓인 대형 깃발을 흔든다. 흡사 전쟁이라도 난 모양새다. 그냥 깃발만 흔드는 것이 아니라 다 같이 모여 군무를 시전한다. 〈엄마 아리랑〉, 〈가인이 어라〉 등 송가인의 대표곡에 동작을 맞춘 율동이다. 단순한 동작이 아닌 부채와 프로펠러가 달린 캡 모자까지 동작에 맞는 소품으로 동원된 군무이다. 팬들은 공연 시작 전 서로 모여 송가인의 대표곡에 맞춰 동작을 연습하고 깃발과 군무를 통해 정체성을 보여주고 나아가 송가인이라는 가수를 홍보한다. 실제로 완성도 또한 뛰어나서 실제 송가인 무대 뒤에 백업 댄서 역할을 해도 크게 무리가 없을 정도다. 팬들의 이런 군무의 홍보 효과가 막강할 수밖에 없는 것이 누구나 지나가면서 봐도 시선이 한눈에 집중되는 강렬한 비주얼이기 때문이다. 실제로 길을 지나던 버스도 택시도 이 광경을 멈추고 서서 볼 정도다. 수많은 팬이 핑크 물결을 이루며 집결하는 모습이 다른 팬덤에서 아예 보기 드문 모습은 아니다. 그러나 송가인의 AGAIN이 좀 더 특별한 건 개별 행동이 아닌 모두 함께하는 집단, 공동체 활동을 지향하기 때문이다. 팬 활동 또한 개인화 경향이 짙어지는 최근에는 좀 더 AGAIN만의 특장점이 되었다. 음식도 최근 아이돌 팬덤처럼 개별적으로 소분해 나눠주는 간식보다는 큰 가마솥에 족발을 삶거나 어묵을 끓이고 추운 날은 큰 곰솥에 유자차를 끓여 시민들에게 나눠주기도 한다. 개별적으로 표하는 마음은 없다. 실제로 다 같이 모여 춤도 추고, 음식도 나누며 함께하니 엄청난 에너지로 작용한다.

이들에게는 매 순간이 축제일 수밖에 없다. 모두 모여 흥을 즐기는 것뿐만 아니라 팬덤이 확장될 수 있도록 실질적인 역할도 수행하는데, 대표적인 것이 '팬 투표 안내 및 독려 부스'다. 실제로 송가인이 출연하는 공연장 근처에 가면 팬들이 직접 설치한 부스들을 어렵지 않게 찾아볼 수 있다. 사실 팬 투표 독려는 모든 팬이라면 필수적으로 하는 일인데, 각자의 최애 스타를 응원하는 마음으로 각종 시상식에서 나의 최애가 빛을 발할 수 있도록 힘을 모으는 것이 목적이다. 문제는 이러한 투표들이 주로 온라인이나 앱상에서 진행되기에 스마트폰 조작이 낯선 중장년, 노년층 팬들에게는 앱 설치부터 회원가입까지 꽤 어려운 단계로 진행된다는 점이다. 이에 혼자 소외되기를 허용하지 않는 송가인 팬덤이 발 벗고 나선 것이다. '팬 투표 설명 및 독려 부스'를 직접 만들어 과외 하듯 쉽게 설명해 주고 회원가입까지 안내해 주는 책자까지 직접 만들어 배포한다. 신규 팬덤을 확장하려는 AGAIN의 성실한 노력인 것이다.

빠르면 50대, 늦어도 60대에는 인생에서 가장 치열하게 달려왔던 모든 목표에 대한 결실을 본다. 자식들이 출가하고, 회사에서도 퇴직하기 때문이다. 사실상 나의 모든 역할과 직급이 하루아침에 종료되는 것이다. 논리적으로는 성취감이 있어야 하지만 심리적인 공허함이 들 수밖에 없는 시기다. 실제로 은퇴 후의 중장년들이 심리적으로 심약해져 우울증을 많이 겪는 시기기도 하다. 앞서 설명한 수많은 송가인 팬들의 이전 모습이 그랬던 것처럼 말이다. 이럴 때 매주 가장 좋아하는 가수의 노래를 들으며 축제의 장에 주인공으로 참여한다면 어떨까. 팬 활동이 모든 정서적인 어려움을 해결해 줄 수는 없겠지만, 나와 같은 마음을 가진 수많은 사람들과 시간을 보내고 음식을 나눠 먹으며 춤도 추는 경험이 흔한 경험은 아니다. 그래서 AGAIN이라는 커뮤니티에 대한 자부심과 파급력이 그만큼 클 수밖에 없는 것이다. 팬덤 구성부터 운영 그리고 팬 투표 독려 등의 신규 영업까지 기획사가 구상하거나 지시한 부분은 전혀 없다. 오로지 송가인을 사랑하는 마음으로 어머니, 아버지 팬들이 서로 모여 투박하지만 직접 머리를 맞대고 생각해 낸 결과이다. 따라서 그들의 군무는 작위적이거나 보기 싫지 않다. 세월의 흐름에 따라 좀처럼 마음대로 움직이지 않는 몸과 동작이지만 진심으로 한 동작 한 동작 추는 모습이 인생을 최선을 다해 살아온 내공이 그대로 보이는 것 같아서 감동적이기까지 하다.

#02

어머니 이전에
모두 소녀였음을

#임영웅 X 영웅시대

"그냥 아줌마들도 보기 싫은데, 아줌마들이 주접떠는 걸 왜 봐야 하나. 당장 중단해라."

믿기 어렵겠지만 〈주접이 풍년〉 편성 직전 실제로 50대 엘리트 간부들이 했던 평가다. 학창 시절에 연예인 덕질하던 걸 아빠가 반대했듯, 딱 그 나이대 어른들의 극렬한 반대였다. 실제로 이 반대 때문에 팬들의 이야기를 담은 〈주접이 풍년〉은 세상의 빛을 보지 못할 뻔했다. 첫 데뷔작을 포기하려던 그때, 학창 시절 덕질 꽤나 했다는 나의 여자 상사인 CP님이 나서주었다.

"지금 봐봐요. 딱 50대 엘리트 간부들만 반대하잖아요. 나머진 다 재밌다고 한다니까요."

실제로 그랬다. 그해 런칭한 신규 프로그램 중에 최고 시청률을 기록한 것은 물론 파일럿으로 기획됐던 첫 데뷔작이 정규 프로그램이 되는 영예를 안았다. 이 모든 것은 극강의 자발적 로열티 집단인 팬덤이 만든 일이다.

장수 프로그램인 〈불후의 명곡〉 녹화장에서 MC인 신동엽 씨가 객석을 찾은 어머니 팬들에게 자주 하는 농담이 있다. "어머님들, 이 가수를 아들로서 좋아한다는 거다 거짓말이죠? 지금 눈빛들이 아주 음흉해요. 전 딱 보면 압니다"라고 말하면 객석은 자지러지듯 넘어간다. 이렇게 분위기가 들뜬 상태에서 보통 본녹화가 시작된다. 그리고 이런 적극적인 어머님 팬들의 절대적인 지지를 받는 주인공은 이름조차 비범한 트로트 영웅 임영웅이다. 어머니 팬덤은 과거에도 존재했지만 임영웅의 팬덤인 '영웅시대'가 좀 더 특별했던 건 어머니들의 젊은 시절을 상기시켜 주었기 때문이라고 생각한다. 예전에도 남진, 나훈아 등 오빠부대를 이끈 팬덤이 있었고 지금도 건재하다. 하지만 임영웅의 팬들은 '그 시절 좋아했던 사람'을 다시 좋아하는 것이 아닌, 지금 내가 이십 대 혹은 소녀로 돌아간다면 좋아할 만한 멋지고 젊은 청년 가수를 좋아한다는 점이 가장 다르다.

180cm가 훌쩍 넘는 훤칠한 키에 선한 미소와 감미로운 음색. 보통 젊은 여성들의 이상형과 크게 다르지 않다. 예전에 중장년 팬들이 과거의 스타를 재조명하며 그 시절 추억을 재소비했던 것과 전혀 다르다. 지금 누가 봐도 설레는 젊은 청년에 열광해 팬이 되길 자처한다. 이런 팬들에게 "사윗감으로 좋아하시는 거죠?"라고 물어봤다

가 호되게 혼난 적도 있다. "사윗감은 무슨! 우리 딸보다 영웅이가 훨씬 아깝지"라고 말이다. 그야말로 영웅 중의 영웅, 임영웅이 어머님들로 하여금 소녀 시절을 회상하게 할 수 있었던 비결은 무엇일까? 그의 수많은 매력이 있지만 반말과 존댓말을 섞어 쓰는 임영웅만의 '반존대 화법'도 중장년 팬과의 간극을 줄이고 친근함을 더하는 요소로 화제가 되고 있다. 실제로 임영웅은 콘서트에서 "반존대라고 하죠? 젊게 살고 싶은 분들은 저한테 오빠라고 하셔라"라고 말해서 팬들의 환호를 모았다. 또한 공연장을 찾은 "98세 팬에게 100세 때 다시 보자"는 센스 있는 멘트와 더불어 공연 후에 사인과 함께 건강하고 행복하라는 그의 상징 인사인 '건행'이라는 메시지를 함께 적어 선물해 온라인에서 두고두고 재치 만점 팬 서비스로 화제가 되었다. 또한 임영웅과 같은 트로트 팬들은 보통 실명이 아닌 닉네임으로 활동한다. 활동하는 지역명에 직접 지은 닉네임을 붙이는 형식이다. 예를 들면 '피터 분당(분당에 사는 닉네임 피터)'과 같은 식이다. 실제로 서로를 실명으로 부르지 않고 닉네임으로 부르며 활동한다. 이에 팬들은 현실에서 조금은 동떨어져 조금 더 자유분방하고 본능에 따라 활동할 수 있다.

임영웅은 젊은 트로트 가수로는 이례적으로 대규모 객석을 대상으로 하는 스타디움에서 전국 투어 공연을 해 이목을 집중시켰다. 콘서트만큼이나 섬세한 임영웅 표 배려와 센스가 더 큰 화제가 되었다. 보통 화장실이 부족한 공연장 상황을 감안해 추가로 설치한 수십 개의 간이 화장실은 물론, 부모님을 모시고 와서 대기할 자녀들을 배려한 가족 대기소인 '히어로 스테이션'까지 따로 설치해, '부모님 모시고 임영웅 콘서트 갔다가 배려에 반해서 내가 팬이 되어서 올 판'이라는 호평을 받았다. 부동의 업계 1위 자리를 유지하면서도 그간 시도하지 않았던 섬세한 배려로 역시는 역시라는 평을 받으며 팬덤을 젊은 층까지 확장해 나가고 있는 것이다.

온라인에서 화제가 되었던 게시글이 있다. 〈엄마는 왜 임영웅 편의점 알바했던 거 짠해 하냐, 나도 했었잖아〉라는 제목의 글인데 심지어 본문에는 "3년 했잖아"라고 적혀 있어서 임영웅 팬을 엄마로 둔 억울한 아들의 감정이 고스란히 담겨있다.

실제로 임영웅은 긴 무명 시절과 경제적인 어려움을 겪었다. 실제로 월세조차 밀릴 정도로 상황이 어려워지자, 생계유지를 위해 군고구마를 팔며 고군분투한 것으

임영웅 편의점 알바 짠해 하는 어머니

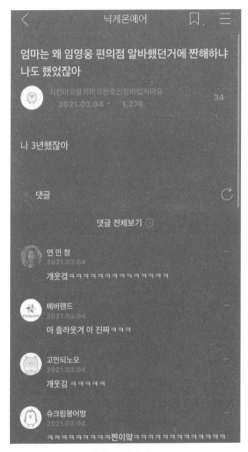

출처 : 닉게온에어

로 알려져 있다. 이 스토리에 전국의 영웅시대는 청년 영웅이의 아픔을 함께하며 눈물을 흘리며 영원한 팬이 될 것을 결심했다. 따라서 위와 같은 임영웅 팬 아들로 추정되는 누리꾼의 억울한 항변에 임영웅 팬을 엄마로 둔 수많은 자녀들의 공감을 받음과 동시에 "주연과 조연이 같냐?"며, "임영웅이라면, 무조건 인정하라"는 반응의 댓글들로 화제를 모았다. 이 외에도 임영웅이 콘서트 계획을 밝히자, 티켓팅 압박에 잔뜩 긴장한 전국의 자녀들이 스타디움도 작다며 "호남평야에서 콘서트 해달라"는 댓글에 임영웅이 직접 고려해 보겠다고 피드백을 해 이슈가 되었다. 실제로 팬이 아닌 자녀들도 그 위세를 인정하고 언급할 정도의 화력을 가진 명실상부한 최대 팬덤을 거느리게 된 것이다.

전국의 어머니들이 아들을 외면(?)하면서까지 영웅 사랑에 심취하게 된 이유는 무엇일까? 임영웅은 포천에서 미용실을 운영하는 홀어머니 밑에서 자랐다. "세상의 영웅이 되라"며 영웅이라는 이름을 직접 지어주신 임영웅의 아버지는 다섯 살 때 불의의 사고로 돌아가셨다. 임영웅은 부모님에 대한 절절한 애정과 그리움을 무대마다 진솔한 스토리텔링과 연결해 보여주었다. 무대 시작

3초 만에 반한다고 해서 '3초의 기적'이라고 불리는 임영웅이 부른 노사연의 〈바램〉 무대는 고난을 이겨내고 자신을 홀로 키운 어머니에 대한 감사의 마음을 담아서 불러낸 곡이며, 최종 무대에서 부른 〈배신자〉라는 곡은 돌아가신 아버지가 생전에 어머니에게 자주 불러주었다는 곡이었다. 이처럼 뛰어난 가창력과 무대 매너는 물론 그를 이해할 수 있는 스토리를 진솔하게 풀어내 무대와 연결한 것이다. 그의 인간적인 스토리와 무대 위에서의 가사 전달, 감정 표현력까지 이 모든 것이 합쳐지는 순간 전국의 팬들에게 그는 '영웅'이 되었다.

건강검진 독려하는 '건행'의 아이콘

"임영웅 씨, 우리 엄마, 아빠한테 건강검진 좀 받으라고 얘기해 주세요."

임영웅 팬을 부모님으로 둔 수많은 전국의 자녀들이 임영웅에게 건의한 민원 중 하나다. 건강에 무관심한 부모님의 마음을 부디 움직여 달라는 것이다. 이것은 자식도 못 하는, 임영웅 님만이 할 수 있는 일이라고 덧붙였다. 이에 임영웅은 실제로 건강검진을 독려하는 글을 팬 카페 올리는 것과 더불어 콘서트 현장에서도 "건강검진 받으셔야 저랑 오래오래 이렇게 같이 놀 수 있다"면서 다정함에 재치 있는 유머까지 담아 팬들의 건강을 챙겼다. 실제로 팬들은 임영웅의 독려에 건강검진에 나섰고, 임영웅 덕분에 암 조기 진단에 성공했다는 팬의 사연도 공개되기도 했다. 팬 활동이 삶의 의욕을 가져오는 것은 물론 스타가 내 삶에도 직접적인 영향력을 미치는 작지만 큰 일화였다.

임영웅의 팬들은 늘 '건행(건강하고 행복하라는 뜻의 임영웅 팬덤 인사)'이라는 인사를 건넨다. 임영웅이 신인 시절부터 해온 인사를 팬들도 유행처럼 따라 하게 된 것이다. 만나면 실제로 건강하고 행복하라는 뜻의 건행을 시그니처 손 모양과 함께 건넨다. 〈팬심자랑대회-주접이 풍년〉 임영웅 편 녹화 때도 만나는 제작진마다 팬들은 "PD님 건행!", "작가님 건행!" 하고 외쳐주셨다. 그렇게 입 밖으로 내뱉는 매 순간순간 팬들은 정말 건강하고 행복해진다고 했다. 처음엔 '건행'을 소리 내 말하는 것이 낯설었던 나도 몇 주간 미팅하고 촬영하며 정든 영웅시대와 진심으로 '건행'을 외치며 인사하게 됐다.

사실 나는 '건행' 인사를 임영웅에게 직접 배운 적이 있다. 몇 년 전 〈불후의 명곡〉 녹화를 마치고 다 함께 단체 사진을 찍자고 임영웅이 먼저 제작진에게 제안해 주었기 때문이다. 다들 포즈를 고민하던 차에 그 자리에서 임영웅은 최근 본인이 밀고 있는 인사법이라고 '건행' 인사에 대해 직접 시범을 보이며 가르쳐 주었다. 임영웅 덕에 모든 스탭들이 그 자리에서 '건행' 포즈와 함께 밝게 웃으며 사진을 찍었다. 그 사진은 아직도 나의 사진첩에 저장되어 있다.

글에는 힘이 있고, 말과 행동에는 더 큰 힘이 있다고 믿는다. 건강하고 행복하라는 의미로 직접 만든 인사법이라며 '건행'을 설명해 주었던 가수 임영웅. 그는 어쩌면 행동의 힘을 이미 앞서서 깨우쳤던 것은 아닐까. 사려 깊은 임영웅과 영웅시대의 영원한 '건행'을 기원한다.

#03

누구나
팬이 있다

#김미경 강사 X 짹짹이

"PD님 무슨 생각으로 김미경 강사 편을 기획하신 거예요? 화가 나서 진지하게 물어봅니다."

〈주접이 풍년〉 강사 김미경 편을 기획하던 시절, 한 스태프가 나에게 따지듯 했던 말이다. 그의 요지는 가수도 배우도 아닌 강사가 무슨 팬이 있으며 대체 무슨 생각으로 이 편을 기획한 거냐는 날 선 질문이었다.

내 대답은 다음과 같았다. "다 팬이 있죠. 강사도 팬 많아요. 아이돌 못지않을 수 있어요."

그리고 녹화 당일, 일명 '쩍쩍이'로 불리는 수많은 김미경의 팬들은 '쩍쩍이 체조'로 오프닝을 화려하게 시작했다. 스태프의 의심이 순식간에 불식되는 순간이었다. 실제로 이들은 코로나 시국에 김미경 강사와 함께 매일 새벽 4시에 줌 화상 채팅으로 만나 '미라클 모닝 챌린지'를 하고 있었다. 이는 "인생이 잘 안 풀리면 무조건 새벽에 일어나라"는 김미경 강사 어머니의 말을 그대로 실천하는 챌린지였다. 실제로 온라인으로 새벽 4시에 잠이 덜 깬 서로의 얼굴을 모니터로 확인하며 출석 체크를 하며, 김미경 강사가 "모닝!" 하고 외치면, 접속자이자 팬들은 "쩍쩍!" 하고 힘차게 대답을 한다. 몇 안 되는 극성팬들의 유난인가 싶겠지만 실제로 김미경 강사는 현재 기준으로 약 180만 명의 유튜브 구독자를 보유하고 있는 거대 팬덤을 거느리는 주인공이다. 이 팬들은 아이돌 팬처럼 원격 조정되는 응원봉을 사지는 않지만 김미경 강사의 형광펜이라도 따라 사고 싶다는 여느 아이돌 팬 못지않은 팬심을 불태운다.

동반 성장을 부추기는 팬덤

〈주접이 풍년〉 섭외를 위해 김미경 강사님을 만나러 갔을 때 첫 반응도 같았다. 프로그램에 나와 달라는 나에게 "내가 무슨 팬이 있어요"라고 하더니, 잠시 뒤에 "아! 있긴 있네. 우리 짹짹이들 있네. 우리 팬들 되게 웃겨요. 우리 옷도 똑같이 노란색으로 맞췄잖아"라고 하며 팬들에 대한 애정을 기반으로 수다를 이어갔고 기획은 기분 좋게 성사되었다. 물론 김미경 강사는 아이돌 멤버처럼 외모가 수려하지도 강의 퍼포먼스가 화려하지도 않다. 그 흔한 분필 격파 퍼포먼스조차 하지 않는다. 그럼에도 대체 어떻게 팬덤이 형성된 건지, 심지어 개인의 이름을 딴 김미경 대학(MKYU)까지 만들어 낼 수 있었는지 호기심이 일었다. 심지어 김미경 강사는 팬 서비스를 하는 아이돌이 그러하듯 팬들에게 달콤한 말도 해주지 않는다. 오히려 친언니가 등짝 때리며 하는 직언과 같은 독설을 일삼는다. "미루다 패가망신한다, 오늘부터 당장 정신 차리고 새벽에 일어나라"는 등의 팬서비스라 하기에는 다소 수위 높은 독설이다.

그러나 김미경을 향한 팬심은 이 포인트에서 오히려 대거 움직인다. 김미경 강사의 팬을 자처하는 이들의 대부분 결핍 없이 행복한 사람들은 거의 없다. 뭔가가 불만이고 매사 인생이 풀리는 게 없다는 말로 입이 한 자는 나온, 지친 상태인 사람들이 더 많다. 그런 사람들에게 김미경 강사는 본인이 처절하게 고생했던 시절의 이야기를 들려준다. 피아노 학원 차렸더니 망하고, 강의해 보려고 했더니 남편도 안 도와주고, 툭하면 베이비시터가 도망가고 좀 키워놨더니 자식도 자퇴한다고 난리였던 얘기들을 특유의 충청도 사투리와 너스레까지 곁들이며 "그땐 진짜 사람 환장하는겨~" 하고 발을 쿵쿵 구르며 실감 나게 얘기해준다. 모든 자기계발서의 도입이 고생한 화자의 이야기로 시작되는 것과 구성면에서 동일하다. 도입에는 실제로 최대한 안 풀렸던 루저 시절의 이야기를 들려줘야, 대중들도 "아…, 이 정도면 나도 해볼 수 있겠는데…"라는 마음과 희망을 품고 뒷 페이지로 이어서 넘어갈 수 있기 때문이다. 여기에 딱딱한 자기계발서에는 없는 김미경 강사 특유의 유머와 재치 있는 입담까지 더해지니 팬들의 몰입도는 더 커진다.

실제로 그녀는 팬덤이 생기기까지의 성공 비결을 내편이 되어준 친정엄마의 사랑으로 돌린다. 실제로 친정어머니가 태몽을 꾸지 않았음에도 김미경이 강사로 성공하는 40대가 되기 전까지 백마에 올라타 수많은 사람을 호령하는 사람이 바로 너였다는 태몽을 줄기차게 들려줬다고 한다. 나중에 들어보니 힘들어 하는 자식의 기를 살려주려고 어머니가 손수 지어낸 태몽이었다고 한다. 김미경 강사는 이 태몽이 사실이라고 믿으며 시련이 닥칠 때마다, '나는 무려 수만 명을 호령하는 백마에 탄 태몽으로 태어난 사람이야. 난 할 수 있어'라는 생각으로 포기 없이 일관했다고 한다. 실제로 강단 위에서 김미경 강사가 들려준 이 이야기는 세상의 모든 아들, 딸의 공감과 용기를 불러일으킨다. 없는 태몽을 지어내서라도 당당한 마음으로 살아가길 바라는 부모님의 진심이기 때문이다. 김미경 강사는 본인의 어머니가 그녀에게 용기를 불러일으켜 주었듯 자신의 팬들에게 그 역할을 자처한다. "매일 새벽 4시에 일어나면 당신은 성공할 수 있다. 나도 함께하겠다"는 메시지를 주며 힘들 땐 무조건 같이 공부하자고 한다.

코로나 시절에는 온라인으로 자리를 옮겨서 이 기조를 이어갔다. 실제로 50살이 넘어서 온라인으로 뭘 해보려니 너무 어렵다는 진심 어린 투정과 스토리를 들려주며 "나도 하니 당신도 할 수 있다"는 의지를 심어주었다. 그래서 김미경 팬들은 보통 자격증 취득에 성공했다거나 창업에 성공했다는 후기를 들려주는 경우가 많다. 그럴 때 진심으로 김미경은 기뻐하며 축하해준다. "여러분이 성공했으니, 저도 나이 50이 넘었지만 오늘부터 영어 공부 한번 해볼게요. 목표는 미국 가서 영어로 강의해 보는 걸로 하고요"라고 말하고 같이 공부한다. 실제로 팬들과의 약속대로 미국에서 강연도 진행했다. 이런 크고 작은 서로의 성장을 진심으로 응원하고 지지하는 존재가 김미경과 팬덤의 관계인 것이다. 거칠게 표현해 입덕 후 실질적으로 얻어가는 게 명확히 있는 팬덤이기도 하다. 따라서 김미경 팬덤의 중도 이탈률은 거의 없이 성장세다. 자신의 발전에 도움이 되는 관계이기 때문이다.

이로써 강사가 팬이 어디 있냐는 스태프의 나를 향한 날 선 지적은 틀린 사실이 되었다. 기존처럼 가수의 팬덤을 대상으로 할 때와 다른 방식의 구성이 되어야 했지만 서로의 성장을 기반으로 한 그 안의 결속력과 화력은 그 어떤 아이돌 팬덤 못지않았기 때문이다. 각종 자기계발서가 화제를 모으는 지금 자기 발전에 대한 대중적 수요는 줄어들 줄 모른다. 이것을 간파하고 실질적으로 어떻게 하면 동반 성장할 수 있는지 팬들이 시작할 수 있는 것부터 제시하고 그 과정을 함께하며 점차 큰 팬덤을 형성해 나간 것이 김미경과 쩍쩍이라는 팬덤인 것이다. 자기 성장에 대한 니즈가 영원한 이상, 이 팬덤이 쉬이 해체될 일은 없다고 확신한다.

모든 성공적인 브랜딩에는 팬덤이 존재한다. 김미경 강사 또한 그 자체로 성공적인 브랜딩이었기에 약 180만의 열혈 구독자와 수강생으로 대변되는 팬덤이 존재하는 것이다. 뿐만 아니라 김미경이라는 이름을 걸고 내건 굿즈와 책들도 대부분 베스트셀러에 랭크된다. 김미경 이름 세 글자라면 무조건 믿고 사는 두터운 팬덤이 활약한 결과다. 김미경의 브랜딩이 유의미한 것은 본인이 그랬듯 팬들에게도 브랜딩할 수 있는 방법을 알려주기 때문이다. 성공적인 브랜딩 노하우를 본인만 갖고 있지 않고, "오늘부터 당신도 스스로 브랜딩해 성공할 수 있다"는 독려를 기반으로 팬들과의 확고한 신뢰를 다진다. 김미경의 팬을 자처하는 구독자들은 김미경을 롤모델 삼아 본인의 인생의 가치관 또한 공고히 다지며 팬심을 키워가는 것이다. 서로 응원하며 동반 성장하는 이들의 관계에 결코 흔들림은 없다.

#04

아픔을 공유한
운명 공동체

* 닻별 : 카시오페이아 별자리의 생김새가 닻 모양과 비슷하다고 해서 '닻별'이라 불렀다고 한다.
즉 카시오페이아 자리의 한국어 명칭이다.

만성 신부전증과 간암으로 49일 간격으로 연이어 세상을 떠난 두 형, 갑자기 자궁경부암을 진단받게 된 엄마와 당뇨 합병증을 앓고 있는 아빠. 그리고 기울 대로 기운 집안 형편상 다니던 학교마저 중퇴하고 칠흑 같은 새벽에 고기잡이배를 타야 했던 고등학생. 그때의 트라우마로 생선은 물론 비린내가 나는 것은 지금도 쳐다도 안 본다는 청년.

〈인간극장〉의 대본인가 싶겠지만, 실제로 〈인간극장〉을 넘어서 인간 승리를 달성한 장구의 신(神), 가수 박서진의 인생 스토리다. 실제로 박서진은 애초에 노래로 알려지지 않았다. 데뷔 전 가난한 청년 어부의 스토리를 담은 〈인간극장〉으로 본격적으로 사람들에게 각인되기 시작했다. 물론 그보다 훨씬 어렸을 때 넘치는 끼로 SBS 〈스타킹〉이나 KBS 〈전국노래자랑〉에도 출전했지만 그의 파란만장한 스토리를 담은 〈인간극장〉만큼 대중의 가슴에 깊이 남진 않았다. 가난한 환경에서도 고깃배에서 트로트를 부르며, 암 투병 중인 엄마를 간호하는 모습에 팬들의 마음은 동요하기 시작했다. 그가 라디오 노래자랑에 출전해 아픈 엄마를 위해 〈시계바늘〉이라는 노래를 부르며 엄마에게 "엄마, 가사처럼 사는 거 별거 없으니까 행복하게 살자"고 말하는 그 모든 장면 장면이 지켜보는 시청자들과 박서진 팬들에게는 영화나 다름없었다. 슬프고도 기가 막힌 것은 그 모든 상황이 연출이 아닌 청년 박서진에게 실제로 닥친 현실이었다는 것이다.

그렇게 그는 그 힘든 시절을 팬들과 함께 이겨내 지금의 거대 팬덤 '닻별'을 이끄는 수장이 되었다. 보통 자수성가한 사람들이 스스로에 대해 말하길 '밑바닥부터 올라왔다'는 표현을 쓴다. 안 해본 고생 없이 엄청난 시련을 이겨냈다는 뜻이다. 그러나 특히 박서진에게는 밑바닥에서부터 올라왔다는 그 말이 지독하게 정확한 표현이자 그가 겪은 현실이었다. 실제로 가수의 꿈을 꾸었지만 현실이 여의치 않자 시골 장터의 엿장수 옆에서 노래를 부르며 가족을 먹여 살릴 돈을 벌기도 했다. 흙바닥이었지만 그는 어깨너머로 장구를 배우고 치며 장터 품바 공연도 마다하지 않고 노래하기도 했다. 그에게는 이것이 생계 대책이자 노래하는 사람이 되고 싶다는 꿈을 이루는 유일한 방법이기 때문이었다. 실제로 그는 자기 말대로 밑바닥에서부터 시작해 많은 사람들에게 행복을 주며 노래하는 사람이 되었다. 이 진정성 있는 스토리는 비슷한 힘듦을 겪고 있는 전국의 수많은 팬들의 공감대를 자극했다. 실제로 암 환자를 가족으로 두거나 경제적인 어려움을 겪고 있는 많은 사람들에게 살아있는 스토리이자 귀감이 된 것이다.

간암으로 떠난 박서진의 형처럼, 간암을 겪고 있는 팬의 사연이 〈주접이 풍년〉에서 소개된 적이 있다. 엄마가 박서진의 열성 팬이라 남편과 자녀들까지 전부 팬이 되었는데 박서진의 어머니가 그랬듯 어느 날 예기치 못하게 간암이 발견된 것이다. 이에 박서진의 팬이 된 딸은 〈약손〉이라는 노래를 부르며 엄마의 쾌유를 기원했고, 이를 지켜보던 평소에 감정 표현이 좀처럼 없기로 유명한 박서진도 형 생각이 난다며 녹화 도중 눈물을 펑펑 흘렸다. 놀라운 점은 이렇게 서로 터놓고 펑펑 울던 팬과 스타, 두 사람의 반응이었다. 암 투병 중이었던 팬은 박서진의 눈물에 용기를 얻었다고 하고, 박서진도 형 생각에 여전히 마음이 많이 힘들었는데 팬들 앞에서 터놓고 울고 나니 한결 편해졌다고 말했다. 팬과 스타의 정서적인 교류가 낳은 귀한 치유의 순간이었던 것이다. 실제로 박서진의 팬 중에서는 비슷한 사연과 상처를 가진 팬들이 많다. 그리고 이들은 진솔한 교감을 통해 서로를 진심으로 응원하고 치유한다. 자궁 경부암을 앓던 박서진의 어머니가 최근 쾌유됐다는 소식에 전국의 박서진의 팬덤인 닻별들이 축하를 보내기도 했다. 어찌 보면 스타의 가족의 일일 뿐이지만 이들에게는 정서적 운명 공동체로서의 귀중하고 기쁜 소식인 것이다.

인사 안 해도 용서되는 유일한 가수

"우리 가수님 원래 눈 보고 인사도 제대로 못 했어요. 진짜 용된 거예요."

박서진의 오랜 팬들이 입을 모아 박서진에 대해 하는 얘기다. 가수가 관중인 팬들에게 인사를 제대로 못 했다니, 처음에는 서운하고 무례하다는 말을 팬들이 돌려서 하는 건지 그 진의를 의심했다. 그러나 팬들의 속내는 달랐다. 부모님의 이혼과 재혼 형들의 투병, 아버지의 빚 등으로 어린 시절부터 박서진은 깊은 상처를 안고 살게 됐다. 그렇게 주눅이 든 소심한 박서진을 대신해 나서서 지켜주던 두 명의 형이 세상을 뜨자 그 상처는 더 깊어져만 갔다. 실제로 두 형이 세상을 떠난 이후에 학교도 그만두게 되고 친구들도 거의 남지 않아 사람의 눈을 마주치는 것조차 힘든 시간을 보냈다고 한다. 고기잡이배를 타느라 몸에 밴 비린내를 두고 냄새나고 더럽다고 말하는 친구들 때문에 습진이 생길 정도로 주방세제로 몇 번이고 몸을 씻어내는 장면은 지금도 팬들이 가슴 아프다고 말하는 장면이다. 박서진 스스로도 말하길 너무 가난하고 살기 힘들었어서 사춘기도 온 줄 모르고 그저 학창 시절의 모든 것이 생략된 채 지나갔다고 말할 정도이다.

지금의 화려한 무대 위의 장구의 신 박서진 이전에 〈인간극장〉 시절부터 소년 박서진을 지켜봤던 팬들은 이런 그의 속내를 먼저 헤아려 배려했다. 사람들과 쉽게 어울려 지내지 못하게 된 배경과 눈을 마주치거나 밝게 인사를 먼저 건네기 어렵다는 점도 먼저 간파해 배려한 것이다. 그래서 팬들 또한 적극적인 인사를 요구하지 않는다. 오히려 인사를 제대로 하지 않아도 감싸주고 먼저 이해해주는 것이다. 아마도 조금 과장해서 표현하면 국내 가요계에서 인사를 안 해도 용서되는 유일무이한 가수가 아닐까 싶다.

가수의 특성을 배려해 환호보다는 침묵을 택하는 팬덤이 너무나 특별한 기억으로 남아 나의 첫 데뷔작인 〈팬심자랑대회-주접이 풍년〉은 물론, 현재 연출 중인 〈살림

하는 남자들 2)에 박서진을 연이어 섭외하게 됐다. 그동안 일상을 보이는 것 자체에 부담을 느끼고 거부했던 그였지만 지난 인연을 기억해서인지 선뜻 가족과의 일상을 담는 것을 받아들여 주었다. 그는 이 프로그램을 통해 그동안 목표 없이 살았던 삶에서 취미와 목표를 찾고 싶다고 했다. 가족들을 챙기느라 본인의 취향조차 모르고 그 흔한 연애도 안 해봤다는 그에게 우리 프로그램이 의미이자 계기가 되어줄 수 있다고 생각하니 나도 의지가 불타올랐다. 실제로 박서진은 높은 시청률을 견인하며 진정성의 힘을 보여주고 있다. 그러나 프로그램을 향한 박서진 팬의 요구는 놀랍도록 한결같다. 보통의 팬들은 특정 모습을 보고 싶다고 요구한다. 예를 들면, 요리하는 모습을 담아 달라거나 연습실에 찾아가 멤버들끼리 연습하는 모습을 담아달라는 식이다.

그러나 박서진 팬들은 달랐다. 연신 말하길, "우리 가수님 웃는 모습 많이 담아주세요. 가수님을 보면 눈물이 납니다"와 같은 댓글이 가장 많았다. 즐거움을 주는 예능 프로그램인데 매번 눈물이 난다니, 예능 PD로서 당혹스러웠던 적도 있었다.

하지만 이제는 다른 그 무엇보다 박서진의 웃는 모습

을 보고 싶다는 팬들의 진심을 정확히 안다. 그래서 제작진도 박서진이 그 나이대의 청년답게 활짝 웃거나 테이블을 치며 깔깔 웃을 때 가장 큰 희열과 보람을 느낀다. 그 어떤 결속보다 강력한 팬덤의 정서적 결속력이다. 박서진의 팬덤은 박서진을 '왕자님'이라는 애칭으로 부른다. 박서진 본인은 너무 창피하다고 아직도 적응이 안 된다고 하지만, 힘든 시절을 잊고 행복하게 사랑받는 진짜 왕자님으로 만들어주고 싶은 팬들은 진심은 아닐까. 서진 왕자님과 닻별이 영원한 동반자로 빛나기를 바란다.

#05

이혼으로
더 지독히 얽히고 싶어

#몬스타엑스X몬베베

틈만 나면 스타에게 이혼하자고 조르는 팬덤이 있다. 바로 몬스타엑스의 팬덤 '몬베베'다. 몬베베는 아티스트의 이름인 몬스타엑스(MONSTA X)의 BEBE라는 애칭과, 프랑스어로 mon(나의) bebe(연인)이라는 뜻을 모두 가진 이름이다. 더 구체적으로는 팬 공모를 통해 지어진 팬덤 명으로 몬스타엑스→몬엑→몬엑이→몬애기(Mon+애기-나의 애기)→Mon+bebe가 된 것이다. 팬덤명의 사전적 의미에 입각한 해석상에서는 몬스타엑스에게 팬들이 이혼을 요구할 만한 어떠한 근거도 찾아볼 수는 없다. 몬스타엑스의 팬클럽 몬베베가 결혼도 아닌 이혼으로 얽히고 싶은 이유를 들어보면 더욱 참신하다. 결혼은 그저 그런 비교적 평범한 사랑에 입각해 이루어진다면, 이혼은 뭔가 더 격정적이고 본격적인, 씻어내려야 씻어낼 수 없는 깊은 관계로 이어진다는 자체적인 분석에 따른 희망 사항이다. 이왕 할 거라면 평범한 결혼보다는 격렬한 이혼으로 얽혀 서로에게 지워지지 않는 흔적이 되고 싶다는 귀엽고 창의적인 팬들의 속내인 것이다. 이러한 속내를 대중의 시선이 주목되도록 재치 있게 표현하는 것 또한 팬덤 몬베베의 센스이자 특장점이다.

강한 부정은 강한 긍정이라고 했다. 실제로 몬베베 이

전에도 과격하게 팬심을 표현한 사례가 있었다. 바로 1세대 아이돌 팬덤을 이끌었던 바로 젝스키스의 멤버 고지용의 개인 팬클럽 '게장꿀타파'가 그것이다. 뜻조차 상상이 안 될 정도로 생소한 팬클럽명에 고개를 갸웃거리는 이들이 많겠지만 아마 1세대 팬덤을 경험한 사람이라면 한 번 이상 들어봤을 유명 팬클럽이었다. 게장꿀타파라는 팬클럽명에 담긴 숨은 뜻과 풀네임을 들어보면 더욱 충격적일 것이다. 게장꿀타파의 풀네임은 무려 '자살결사대 고지용 날 죽여라! 게장 꿀타파'였고 실제로 콘서트를 비롯한 큰 행사에는 흰 배경에 피를 연상케 하는 커다란 빨간 글씨로 "고지용 날 죽여라!"라는 문구를 담은 초대형 현수막을 시그니처로 걸며 활동했기에 모든 팬덤이 모를 수가 없는 유명한 개인 팬클럽이었다. 실제로 잠실 주경기장에서 열린 젝스키스의 은퇴 무대가 있었던 드림콘서트의 중계 화면에도 이별의 슬픔에 흐느끼는 팬들 사이로 저 섬뜩한 문구의 플래카드가 같이 대문짝만하게 나온다. 당시 젝스키스 팬들은 물론 다른 팬들 사이에서도 뭔가 임팩트를 넘어서 범접하기 어려운 존재감이 어마어마한 팬덤 중 하나였던 것이 사실이다. 게장꿀타파라는 팬클럽명에 게장과 꿀이 들어간 이유는 두 가지로 추측된다. 첫 번째는 〈경종실록〉에 기록되길 아픈 경종에게 상극인 게장과 꿀을 동시에 상에 올려 궐 안이 뒤집어졌다는 기록과, 또 다른 추측으로는 장희빈의 사주를 받은 사람이 민 씨의 밥상에 게장에 꿀을 탔고 이로 인해 민 씨가 35세의 나이로 세상을 떠났다는 추정에서 비롯된 것이다. 역사적으로 무엇이 정확한지 밝혀진 것은 없지만 공통적인 사실은 게장과 꿀의 음식 궁합이 상극이며 심할 경우 죽음에까지 이를 수 있다는 역사적 추정에서 따온 팬덤명인 것이다. 그 뜻을 풀이해 해석하면 젝스키스의 고지용이라는 멤버에 대한 사랑의 정도가 목숨을 기꺼이 바칠 수 있다는 뜻으로 멤버에 대한 극심한 애정을 나타내는 표현 정도로 볼 수 있겠다.

왜 굳이 타인을 좋아하는 일에 이혼으로도 모자라 죽음까지 거론하는 것인지 묻는다면, 최근에 많이 쓰는 표현인 '지구 뿌셔'를 떠올려 볼 수 있을 것이다. '뿌셔뿌셔'라는 과자 이름에서 유래한 표현으로 보통 귀엽거나 예쁜 것, 좋아하는 것을 보고 흥분되는 마음을 주체하지 못함을 나타내는 말로 "지구 뿌셔!"라는 말을 쓴다. 예를 들면, 아이돌 특정 멤버의 행동이나 말이 너무 귀여워서 지구를 부수거나 아파트를 부순다고 표현하는 것이다. 논리적으로는 설명되지 않지만 단순히 좋은 게 아닌 좋아서 미칠 것 같은 격정적 감정을 온 지구를 부술 정도라고 과장해 표현한 것이라고 볼 수 있다. 그렇다고 이런 표현을 일삼는 이들이 실제로 만났을 때 거칠거나 결의에 가득 차 있는 사람들은 아니다. 실제로 〈주접이 풍년〉 몬스타엑스 편에서 만난 몬베베는 전부 그저 수줍고 생기 있고 귀엽기만 한 팬들 그 자체였다.

실제로 이처럼 설령 개인이 부끄러움이 많은 사람일지라도 같은 목표와 가치관을 가진 집단 안에서는 평상시에 쉽게 하지 못했던 거친 말도 할 수 있는 대범함이 생기는 것이다. 커뮤니티 안에서는 주변을 의식하기보다는 내면의 욕구나 본능적인 표현에 충실할 수 있는 큰 용기를 얻게 되는 것이다. 실제로 몬베베와 같은 팬덤을 주목할 만한 이유는 이들의 아이디어가 기존의 것들이 대체할 수 없을 만큼 참신하기 때문이다. 결혼 말고 이혼을 얘기하는 몬베베의 모습에서도 볼 수 있듯 열정에 찬 이들이 하는 발상을 기성세대는 따라갈 수 없다. 타 팬덤은 물론 몬스타엑스 멤버들조차 감탄하며 언급할 정도이다.

드립이 드립을 낳는다는 말이 있듯이 애초에 보통 이상을 넘는 드립을 하는 팬덤이 모인 집단인 몬베베는 나날이 발전하며 자체적으로 관계를 쌓아나가는 패노크라시(Fanocracy)를 형성하고 있다. 패노크라시는 팬이 통치하는 문화이며, 오늘날 급부상하고 있는 비즈니스 전략으로 기획자들이 주목해야 할 포인트다. 사람이 상품보다 더 중요해지는 시대가 도래한 것이며 이는 커뮤니티 구성원 간의 교류로 점차 강화될 수 있다. 실제로 몬베베에 속한 팬들은 소속감과 자부심을 느끼며 "최애는 몬스타엑스, 차애는 몬베베"라고 말할 정도다. 아티스트 외에 팬들이 팬들에게 서로 자긍심을 느끼는 것도 이례적이고 특별한 경우다. 오히려 비슷한 성향을 가진 커뮤니티가 이견을 좁히지 못하고 화합하지 못하는 경우도 많기 때문이다. 실제로 오빠부대를 이끌었던 나훈아의 팬클럽도 다양한 집단 간의 의견이 조율되지 못해 하나의 팬클럽으로 통일되지 못하고 긴 세월 끊임없는 갈등을 겪고 있다고 밝힌 바 있으며, 실제로 현재 통일화된 공식 팬클럽이 없는 상태다. 그런 측면에서 팬들이 말하길 제일 좋아하는 최애는 아티스트 본체인 몬스타엑스지만, 그다음으로 본인과 동일시되는 팬덤 커뮤니티인 몬베베를 애정한다고 팬들이 입을 모아 얘기하는 것은 꽤 큰 의미를 지닌다. 입시에 성공해 좋은 대학에 입학해 성공적으로 취직하는 것이 1차적 목표일지라도, 같은 교실의 친구들이 그 목표만큼이나 중요하고 소중하다고 느낄 때 학창 시절, 더 나아가 한 인간의 인생 전체가 행복하게 느껴지는 것과 비슷한 이치다. 스타를 넘어서 나와 같은 팬들마저 사랑하는 몬베베의 창의적인 너그러움은 향후 긍정적으로 발전 가능한 팬덤 모델을 보여준다.

　기획을 하는 사람이라면 이러한 창의적 행보를 보이는 팬들의 의견을 적극 청취하고 반영할 필요가 있다. 엔터테인먼트 현업에서 종사하는 이들조차 쉽게 경험할 수 없는 아티스트, 그리고 팬덤끼리의 내밀한 교류와 소통을 성공적으로 하고 있는 이들이기 때문이다. 깊은 교류를 하는 이들이 떠올리는 아이디어는 쉽게 나올 수 없는 통찰에서 나올 것들일 확률이 높다. 이들의 퍼포먼스를 단순히 말장난이나 드립으로 치부해서는 안 되는 이유다. 한 분야에 적정선 이상으로 미치지 않으면 그 분야를 뒤집는 아이디어가 나오는 것은 사실상 불가능하다. 〈주접이 풍년〉 또한 한때 내가 팬덤의 일원으로서 일상이 힘들 만큼 스타에 미쳐보지 않았더라면 쉽게 적어 내려갈 수 없을 기획이었을 것이다. 실제로 기획을 시작한 이후에도 팬으로 살아본 적 없는 사람들을 설득하는 데 3

년 이상 걸렸으며, 그 과정에서 수많은 팬을 향한 모멸의 말을 들었다. 그럼에도 팬으로 살아본 사람으로서 팬들이 가진 창의적인 잠재력을 믿었기에 "이런 기획은 차라리 폐기하는 게 좋겠다"는 독한 말을 듣고도 꾸준히 발전시켜 사내 공모에서 당당히 수상해 정규 프로그램으로까지 이어질 수 있었다. 미친 사람을 그저 미쳤다고 혀를 차며 비웃기보다는 도대체 왜, 어떤 것 때문에 미쳤는지 들여다본다면 본인의 능력을 넘어선 훌륭한 기획을 해낼 수 있을 것이다.

#06

유일무이
장기근속 팬덤

#신화 X 신화창조

"신화는 여러분의 인생을 책임져주지 않습니다"

신화의 공식 팬클럽 신화창조 1기 팬 미팅에서 멤버인 김동완이 실제로 했던 말이다. 팬들이 모인 공식적인 창단식에서 팬에게 하기에는 다소 어울리지 않는 말로 실제 팬 미팅 분위기가 잠시 싸늘하게 가라앉을 정도였다고 한다. 실제로 김동완은 훗날 토크쇼에서 말하길, "많은 어린 팬들이 본인의 생활을 희생하며 우리를 너무 좋아해주는 게 미안해서 한 말"이라고 해명을 하기도 했다. 당시에는 어린 팬들로 하여금 놀라움과 서운함을 불러일으켰던 말이지만 오늘날까지 아이돌의 팬덤 문화에 대한 일침이자 통찰을 담은 한마디로 전해지고 있다. 팬미팅에서 멤버가 했던 한 마디가 오늘날까지 회자될 정도로 영향력 있는 팬덤 신(scene)에서 놓치면 안 될 존재가 바로 '신화창조'이다.

1998년 1기 모집을 시작으로 2019년에 13기를 모집한 최장수 아이돌의 최장수 팬클럽이다. 쉽게 말해 데뷔한 1998년 세기말부터 오늘날까지 공백 없는 역사를 자랑하는 유일무이한 장기 집권 팬덤이다. 사실 진정한 신화의 팬이라면, 위에 언급됐던 김동완의 일침에 크게 놀라거나 좌절하지 않았을지도 모른다. 실제로 멤버들과 격하게 치고받고 싸운 이야기가 모든 예능에서 빠지지 않을 정도로 진솔한 소통을 지속해 온 그룹이기 때문이다. 그 진솔함이 팬을 대하는 모습으로까지 이어져, "여러분의 평생을 신화가 책임질게요"라는 멘트 대신 다소 매콤하지만 "신화도 신화지만 여러분의 소중한 인생도 고려하며 사시라"는 애정 어린 직언을 날린 것이다. 이에 팬들도 응수하듯 슬로건에 '무병장수'라는, 아이돌에게는 다소 어울리지 않는 현실적인 키워드를 넣어 장기간 근속 팬덤의 변함없는 애정을 보여주곤 했다.

오랜 기간 스타와 팬이 동반 장수한 것 외에도 신화창조는 가식 없는 진솔한 소통을 하는 사이로도 유명하다. 무조건 신화의 모든 것을 좋아하기보다 멤버들이 예능에서 활약을 하지 못하면, "재미없어요. 우리 오빠 약해졌네"라고 스스럼없이 얘기하고 솔직한 팬들의 피드백에 멤버들은 서운한 기색 없이 웃으며 그 일화를 방송에서 소개한다. 콘서트에서의 일화도 유명하다. 신화가 무대 도중 흥분한 나머지 앙코르 무대에서 팬들을 향해 물을 뿌리는 퍼포먼스를 했는데, 팬들이 환호하기는커녕 한사코 손으로 엑스를 그리며 뿌리지 말라고 거부했다는 내용들이다. 이에 멤버들은 유쾌한 톤으로 "우리 팬들이 끝나고 저녁 약속이 있었나보다. 머리가 망가지면 안 됐나보다"라며 스타와 팬이라기보다는 친근한 옆집 오빠와 동생이 나눌 법한 유쾌하고 소탈한 소통을 보여주었다.

신비주의를 넘어선 진정성

신화의 이런 행보가 더욱 특별한 건 신화 역시 신비주의를 표방한 H.O.T.와 비슷한 시기에 데뷔했으며 심지어 기획사도 SM엔터테인먼트로 같은 소속사에서 탄생한 형제 그룹이기 때문이다. 태생적으로 유사한 정체성을 갖고 출발할 수밖에 없었던 그룹이었던 것이다. 당시 이수만 대표도 이들에게 기존 인기 남자 아이돌 그룹이 그랬듯 환상적이고 신비로운 이미지를 심어주기 위해 비주얼 락(일본 록 음악계 특유의 서브컬처. 음악 자체를 넘어서, 화장이나 의상 같은 시각적 표현, 또 그에 따른 양식미 - 세계관을 중시하는 장르이다)에서 차용한 분장으로 얼굴 반을 하얗게 칠하는 등 다양한 시도를 했다. 그러나 멤버들은 기획사가 정해준 신비주의라는 틀에 갇히지 않고 톡톡

튀는 언행과 행보를 보여주는 데 서슴없었다. 멤버들끼리 싸웠다거나 어제도 술을 먹고 왔다는 등 당시에는 방송에서 십 대 팬을 거느린 그룹이 하기 어려웠던 얘기들을 들려주었고, 이에 팬덤인 신화창조의 팬심은 동요했다. 그때부터 신화와 신화창조는 격의 없는 소통을 이어왔던 것 같다. 애초에 일말의 과장이나 거짓이 없었던 그 소통 덕인지 신화는 멤버들의 군입대로 공백이 있던 시기에도 팬덤은 흔들림 없이 유지되었다. 실제로 멤버들이 모두 군 복무를 마치고 4년 만에 복귀하며 콘서트를 열게 되어 기다려준 팬들에게 감사를 표하는 마음으로 서울 시내 곳곳에 "신화는 약속을 지킵니다"라는 플래카드를 내걸었다. 입대 전 완전체로 돌아오겠다는 약속을 지키겠다는 신화의 팬들을 향한 진심 어린 메시지가 서울 시내를 수놓은 것이다. 이에 팬클럽인 신화창조도 이에 화답이라도 하듯 "신화창조도 약속을 지킵니다"라는 플래카드를 답장처럼 내걸었다. 신화는 신화로 돌아오겠다는 약속을, 신화창조는 기다리겠다는 서로의 약속을 지킨 것이다. 소리 없이 플래카드로만 주고받았던 이 이벤트는 두고두고 감동적인 스타와 팬의 화합의 기록으로 오늘날까지 남아주었다.

신화의 공연장에 가보면 자녀와 함께 온 경우가 많다. 〈주접의 풍년〉 녹화장에도 엄마에 이어 딸까지 나란히 주황색 우비를 입고 신화의 팬클럽인 신화창조가 된 경우가 많았다. 이처럼 신화창조는 말 그대로 장기근속 팬덤의 표상인 것이다. 한 가수를 대를 이어 좋아한다는 것은 쉬운 일이 아니다. 취향은 급변하고 팬들의 마음은 더 빨리 시시각각으로 급변하기 마련이기 때문이다. 그리고 객관적으로 신화라는 그룹 자체가 팬들의 충성도를 자극할 만한 충분한 요소를 주었는지에 대해서는 의문이 남는다. 오히려 기존의 환상과 통념을 깨는 행보를 보여주었고, 사실 그들이 주로 활약했던 세기말에 이 같은 진솔한 방식이 대중적으로 통용되는 분위기는 아니었다. 신화 같은 소통을 하는 그룹보다는, "저는 팬 여러분 혹은 음악과 결혼했습니다"라고 거짓일지라도 달콤하고 환상적인 언어를 말하는 스타들이 인기 그룹의 주를 이뤘기 때문이다. 그럼에도 이들의 진솔한 소통에 매력을 느끼고 빠져든 팬들은 쉽게 이탈하지 않았다. 꾸며지지 않은 날것 그대로 스타를 받아들인 만큼 환상이 깨질 틈조차 없었기 때문이다. 심지어 녹화장에는 신화 활동 시절 김동완의 집 앞에 찾아갔다가, 김동완이 팬들에게 호스로 찬물을 끼얹으며 집에 당장 가라고 호통을 치는 현장에 있던 팬도 찾아왔다. "그때 오빠가 뿌린 물 맞은 팬이 바로 나"라며 유쾌하게 폭로를 이어가 현장을 찾은 팬들은 물론 신화마저 웃음 짓게 했다. 서로를 원망하는 토크가 아닌 과거를 회상하며 소주 한 잔 기울이며 하는 듯한 호탕한 토크였다. 이에 김동완은 "그때가 더운 여름이라 팬들이 열사병이라도 걸릴까 봐 걱정 돼서 물을 뿌린 것"이라고 해명해 팬들의 귀여운 원성을 들었다. 이들의 티키타카마저 오랜 시간 무탈히 지내온 비결을 보여주는 것 같았다. 이런 격의 없는 감정 교류와 소통이 있었기에 크고 작은 논란 속에서도 공백 없이 신화창조라는 팬클럽의 명맥을 유지하고 여전히 그 영향력을 지속하는 것이라 믿는다.

"나를 눌러도 신화는 꺾이지 않아."

팬들이 콘서트 때마다 외치는 신화의 팬덤을 상징하는 구호다. 수십 년간 신화가 그랬듯 신화창조 또한 결코 꺾이지 않을 것이라 믿는다.

#07

'진짜'
'원조'
오빠부대

#영원한 오빠 남진 X

대한민국 최초의 팬클럽

최초의 최초 남진. 대중문화 불모지였던 우리나라에 콘서트라는 개념을 처음 도입하고 최초의 오빠부대는 물론 국내 팬클럽 도입마저 최초인, 그야말로 '최초의 가수'가 남진이다. 대중음악을 팬이라는 이름으로 소비하는 것조차 생소하던 시절 '입회비 500원'을 걸고 팬클럽 공고를 국내 최초로 내고 남이섬으로 팬들과 함께 첫 엠티를 떠난 팬덤이기도 하다. 실제로 1972년 6월 18일 1,000여 명으로 시작된 남진 팬클럽은 가입비 500원에 매달 회비가 100원(1972년 버스 요금 20원)이었지만 이후 1만여 명까지 늘어났다고 한다. 최초의 팬클럽이었던 그들의 주요 활동은 활동 때 방송에 신청곡 엽서 보내기, 연말 시상식 팬 투표에 대비해 집단으로 엽서 보내기, 리사이틀 때 박수 부대 역할 등으로 지금 팬덤과 비교해도 뒤지지 않을 정도로 조직적으로 전개됐다. 60년이 지난 지금 오늘날의 팬들이 전략적으로 하는 '총공'에 비견되는 일들이었다. 이러한 남진의 인기를 증명하고 순위를 올리려는 기본적인 팬 활동 외에도 연애 서적 대여, 사회 계몽 운동 등 자체적인 추가 팬클럽 활동도 이어갔다. 놀라운 건 팬클럽 역사의 시작이자 기록으로만 남을 줄 알았던 그들이 여전히 데뷔 60년을 맞은 남진의 곁에서 맹

국내 최초 남진의 팬클럽 모집 공고

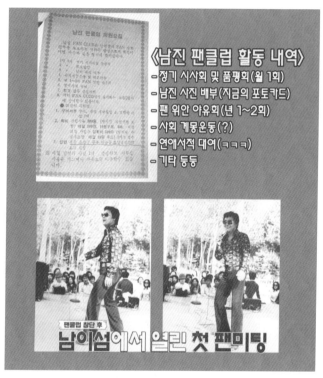

출처 : KBS2 〈주접이 풍년〉

활약 중이라는 것이다.

참말로 결혼도 이혼도 다 본 사이지 우리는!

남진과 그의 팬덤의 이야기를 담기 위해 처음 남진 선생님을 만났을 때, "가요계 가왕인 선생님을 직접 만나게 되어 영광"이라는 말에 선생님이 노발대발하셨다. 실제로 말씀하시길, "나는 가요계 처음으로 오빠부대와 팬클럽을 만든 가수다. 그에 대한 엄청난 자부심이 있다. 앞으로도 영원한 오빠나 오빠의 원조라고 불리고 싶다. 그 말을 들을 때 가장 흐뭇하고 힘이 난다"며 "오히려 팬들과의 거리감을 불러일으키는 호칭인 가왕이나 트로트 황제라고 누군가 부르면 기분이 상한다"고 말했다. 이에 선생님의 진심을 배려해 〈주접이 풍년〉 녹화장 세트나 본방송에 자막도 '가왕'이라는 표현 대신 '영원한 오빠'라는 표현으로 모두 대체했다. 첫 만남 때 "나랑 우리 팬들은 서로 숫자상으로 나이만 들었지 십 대 때랑 나를 보는 표정이 똑같다"고 말하는 남진 선생님의 말이 꽤 진심이라는 걸 느낄 수 있었다.

"우리는 스타와 팬 그런 거 말고 그냥 같이 재밌게 늙어가는 오빠, 동생 사이"라는 표현이 과장이 아니라고 느낀 건 촬영을 기획하고 진행했던 내내 와닿았다. 실제로 선생님은 친동생들 대하듯 팬들을 한 명 한 명 부르고 기억했다. 60년 가까이 남진 팬으로 함께하며 본인이 시집가고, 아이 낳는 것도 다 봤다는 팬의 얘기에, "참말로! 결혼하는 것만 봤게, 이혼에 재혼하는 것도 내가 다 봤제"라는 선생님의 호탕한 말에 현장에 같이 있던 팬들이 못 말린다며 배를 잡고 웃었다. 분명 가요계를 호령한 대가수와의 첫 만남이었는데 설이나 추석 때 친척들끼리 모여 근황 얘기를 하며 도란도란 수다를 떠는 자리인 듯한 착각이 들 정도의 친근함이었다. 팬들을 동생처럼 생각한다는 남진 선생님의 표현은 상투적 표현이 아니었다. 가구점을 운영하던 팬의 가게에 불이 났을 때도, 팬이 암 투병으로 말 못 할 고생을 할 때도 금전적인 도움은 물론 직접적인 위로를 아끼지 않았다고 한다. 그때 팬들은 소녀 시절부터 좋아했던 연예인에게 말로 표현하지 못할 감사함을 느꼈다고 했다. 큰 금전적인 도움도 많이 주었지만, 집안에 상을 당했을 때 말없이 근조화환을 보내주는 등의 작지만 깊은 배려도 60년째 팬을 대하는 변함이 없는 모습이라고 입을 모아 말했다. 이런 얘기가 나올 때마다 선생님은 입을 꾹 닫고 눈을 피하며 별거 아니라는 식으로 말씀하셨지만, 팬들의 진실한 고백에 두 눈이 팬들만큼 촉촉해지셨다. 그렇게 팬과의 뜨거운 의리를 이어온 국내 최초 팬클럽 창시자인 선생님에게 〈주접이 풍년〉은 당연한 선택이었을지도 모르겠다. 또한 남진 편은 이 프로그램의 대단원의 막을 내리는 마지막 녹화였기 때문에 대한민국 1호 팬클럽의 주인공인 선생님을 꼭 섭외하고 싶었다. 팬에 대한 생각으로 시작한 프로그램의 마지막은 반드시 가장 의미 있는 회차로 꾸미고 싶었기 때문이었다. 이에 직접 선생님과 프로그램 구성을 얘기하던 도중 선생님이 장난스럽게 말씀하셨다. "아따 근데 프로그램 제목이 주접이 뭐여 주접이!" 이미 주접의 의미에 대해 기획할 때부터 이곳저곳에서 수십 회 이상 대답해 왔기에, 순우리말 동사 표현에서 동원되는 어근인 주접의 의미가 변절하여, 자신이 좋아하는 대상을 좋아하는 정도를 표출하기 위해 일부러 과장된 아첨을 해서 보는 이의 웃음을 유도하는 표현이라고 설명해 드렸지만, "아따 그래도 쪼까 거시기 하네잉~" 하시며 미심쩍어하셨다.

실제로 가왕, 황제 대신 오빠로 불리고 싶다던 남진 선생님은 살짝 거시기한(?) 제목의 〈주접이 풍년〉 녹화 날 직접 선곡한 〈오빠 아직 살아있다〉라는 곡으로 팬들 앞에 나타났다. 팬들과의 값진 만남 외에도 선생님 몰래 우리가 준비한 만남이 있었다. 대한민국 대중음악 최초의 상징인 남진을 가수로 처음 발탁한 사람이 누구일까에 대한 궁금증에서 시작한 기획이었다. 당시 TBC 〈쇼쇼쇼〉의 초대 연출자인 황정태 PD가 당시 신인이었던 남진의 매력과 진가를 알아봐 준 사람으로 알려져 있었다. 남진 선생님도 우리와의 첫 만남부터 황정태 PD와의 인연을 언급하며, 그저 평범한 사람을 성장할 수 있는 가수로 인정하고 끌어올려준 은인이자 스승이라고 입이 마르게 말씀하셨다. 60년간 남진을 설명하는 수식어인 '한국의 엘비스 프레슬리'라는 말도 직접 지어준 은인이 황정태 PD라고 덧붙이셨다. 이에 내가 직접 몸이 불편하신 황정태 PD님의 자택을 찾아가서 영상 편지를 담아왔다. 남진과 팬이 만나는 자리라고 하니 그 의미를 알겠다며 단번에 승낙해 주셨고, 녹화 날 예고 없이 이 깜짝 영상을 본 남진 선생님은 자리에서 벌떡 일어나 눈물을 흘렸다. 팬들에게 소중한 전설인 가수 남진을 만들어 준 은인은 팬들에게도 귀중한 인연일 것이라는 생각에서 출발한 기획이었다. 처음에 "주접이 뭐냐고 제목을 바꾸라"고 하시던 남진 선생님은 녹화 후에 따로 제작진을 불러서, 우리 팬들과 황정태 PD를 만나게 해 줘서 너무 고맙다고 몇 번이나 감사를 표현하셨다. 60년 가까이 방송 생활을 하면서도 손에 꼽을 정도로 기억에 남는 순간이 되었다고 해주셔서 제작진들에게도 엄청난 보람과 성취의 순간이 되었다.

여전히 변치 않는 모습으로 지치지 않고 가수 남진으로 살 수 있는 비결을 묻자 "내가 무대에서 노래할 때, 여든 넘어 보이는 할머니가 맨 앞줄에서 초롱초롱한 눈빛으로 젊은 시절을 회상하며 내 노래에 소녀처럼 빠져드는 모습을 본 적이 있다. 그때 정말 힘을 쫙 받으며 보람을 느꼈다"고 말씀하시는 선생님. 녹화 날에도 긴 세월을 함께한 팬들을 바라보며 같은 감정을 느끼셨다고 한다. 그리고 그날 녹화 후에 나를 따로 불러서 말씀하셨다. "처음엔 자꾸 주접, 주접 해서 이상한 PD인 줄 알았더니만, 아따 대굴빡 잘 돌아가는 PD였네"라고. 내가 들을 수 있는 최고의 극찬이었다.

덕후가 브랜드에게

초판 1쇄 발행 2024년 7월 5일
초판 2쇄 발행 2024년 7월 20일

지은이   편은지 PD
펴낸이   이소영
디자인   디스커버

펴낸곳   투래빗
주소   서울시 도봉구 방학로 11길 30, 2층
전화   070-4506-4534
팩스   050-4360-6780
이메일   2rbbook@gmail.com

ISBN 979-11-984741-5-5 (03320)